Être acheteur pour la première fois

Chez le même éditeur, dans la même collection

JEAN-CHRISTOPHE BERLOT
ET JOSÉ-LUIS BUSTAMANTE

Être acheteur
pour la première fois

8 clés pour réussir dans la fonction achats

Préface de Thierry Morin,
président-directeur général de Valeo

EYROLLES

Éditions d'Organisation

Éditions d'Organisation
Groupe Eyrolles
61, bd Saint-Germain
75240 Paris Cedex 05

www.editions-organisation.com
www.editions-eyrolles.com

ISBN 10 : 2-7081-3751-4
ISBN 13 : 978-2-7081-3751-6

Avec des témoignages de :

Christine Bénard, ex directeur des achats du groupe Valeo
Guillaume Bitran, directeur de l'activité environnement
    chez Alstom
Jean-Philippe Collin, directeur des achats de PSA
Olivier Gourmelon, directeur des achats de Siemens France
Laurent Jehanin, directeur des achats de Safran
Françoise Odolant, directeur des achats et des moyens
    généraux du groupe des Caisses d'Épargne
Yves Rousteau, directeur des achats de CGG
Pierrick Sanne, directeur client chez Gefco
Véronique Valentinni, acheteuse

À nos clients, à nos collègues,
qui nous ont donné la passion des Achats

Sommaire

Préface

Vous démarrez dans la carrière d'acheteur. Bravo. Vous êtes quelqu'un d'important pour l'entreprise, et l'entreprise a besoin de vous.

Ce livre me rappelle ce que j'ai dit à l'ensemble des dirigeants du groupe, il y a quelques années, lors d'une de nos réunions semestrielles : « Les achats représentent 60 à 70 % du chiffre d'affaires du groupe, les personnes les plus importantes dans cette salle sont les directeurs achats. » À l'époque, cela en avait étonné plus d'un.

Les achats ont permis à notre groupe de générer des gains essentiels dans la course à la productivité. Si nos finances sont saines aujourd'hui, c'est en grande partie grâce aux actions engagées par les acheteurs avec nos fournisseurs pour réduire les coûts.

Nous connaissons bien ce rôle car nous avons la chance, chez Valeo, d'être à la fois fournisseur et client. Le rôle d'un fournisseur est de soutenir son client dans ses projets les plus stratégiques. Il ne s'agit pas de faire des transferts de marges, comme on le croit encore trop souvent. L'acheteur peut faire beaucoup mieux, en permettant de dégager des productivités et, ainsi, développer notre compétitivité ensemble.

Les achats ont ainsi sans doute été déterminants pour faire progresser l'ensemble de la filière automobile jusqu'à un niveau de productivité mondial actuel. En nous forçant collectivement à trouver les solutions les moins coûteuses et les plus fiables, à éliminer les gaspillages de toute sorte, à trouver les optimisations, nous pouvons aujourd'hui, avec nos fournisseurs et nos clients, attaquer tous les marchés du monde.

Les entreprises ont externalisé des pans entiers de leur activité pour se concentrer sur leur cœur de métier. Les nouveaux modèles économiques font la part belle aux achats. Beaucoup reste à inventer.

L'acheteur s'assure du fonctionnement optimal de l'entreprise étendue. C'est un métier riche, où vous apprendrez la stratégie, le juridique, la technique, le commerce. Vous développerez votre art de l'exigence et du management, qui feront de vous un dirigeant potentiel. J'ai plaisir aujourd'hui à voir de nombreux acheteurs de Valeo, formés à notre école, à des postes clés dans l'industrie et les services.

Bonne route, et bonne chance.

THIERRY MORIN
Président-directeur général
Valeo

Introduction

Faire des achats

un tremplin

« Écoutez, c'est très simple : des acheteurs, nous en avons en face de nous tous les jours. Soit ils ne servent strictement à rien d'autre qu'à passer des bons de commande, soit ce sont des tueurs imbéciles qui ne pensent qu'à gratter quelques pour cent de baisse de prix. Voilà ce que sont les acheteurs. »

Ainsi commencent immanquablement nos cours sur les achats. Notre challenge ici est simple. Nous avons trois heures et deux cents pages pour vous expliquer ce que sont vraiment les acheteurs, ce qu'en tout cas ils peuvent être. Pour envisager avec vous comment vous pourrez – comment vous allez – y réussir et en faire un tremplin pour votre carrière.

« Un tremplin ? Mais vous n'y pensez pas ! On nous a mis aux achats parce qu'on ne savait pas où nous mettre. Il ne se passe jamais rien aux achats. Ils sont mal acceptés dans l'entreprise. Au mieux, ils font ce qu'on leur demande ; au pire, ils em… poisonnent tout le monde. »

Heureusement, les collaborateurs nouvellement mutés aux achats sont souvent beaucoup plus enthousiastes. Certains, en revanche, vivent leur mutation comme une mesure quasi

© Groupe Eyrolles

vexatoire. Nous avons trois heures aussi pour vous faire vivre la passion de ce métier ; mal aimé peut-être, mal connu systématiquement. Vous n'allez pas produire, pas vendre, pas concevoir ; mais vous allez développer votre capacité d'écoute, d'entraînement, de management, là où l'entreprise est la plus ouverte sur l'extérieur. Dans une carrière, c'est irremplaçable.

Un si long chemin

Certes, les achats pendant des décennies ont passé leurs journées à émettre des bons de commande. Il fallait bien que quelqu'un s'y colle. Ensuite, les entreprises ont découvert que leurs achats représentaient leur premier poste de dépense. Alors elles se sont passé le mot : il faut négocier, serrer le cou des fournisseurs, en trouver d'autres au besoin, plus loin, là où la main-d'œuvre ne coûte presque rien. Chaque année, chaque trimestre, au moment des négociations de prix, les acheteurs martèlent, assassinent, crucifient des fournisseurs ; et les vendeurs passent des jours et des nuits à tenter de préserver quelque marge pour leur entreprise, un souhait de croissance, un espoir de durabilité. Ainsi, en effet, peuvent apparaître les achats aujourd'hui.

Le mouvement a commencé dans les centrales d'achat de la grande distribution. Le fournisseur doit « aligner ses prix ». Non pas sur une quelconque concurrence, mais sur des indices, pour permettre à l'enseigne d'afficher des économies. Il doit payer les innombrables brochures publicitaires distribuées aux consommateurs locaux. Il risque le déréférencement à tout instant.

La filière automobile a suivi. D'abord les constructeurs, qui ont exigé un beau jour « 15 % en 3 ans, dont 5 % immédiatement ». Peu à peu le mouvement s'est étendu : les fournisseurs ont fait de même avec leurs propres fournisseurs, et ainsi de suite. Toute l'industrie s'y est mise. Votre entreprise,

prise quelque part dans les fourches Caudines des achats de son client, va se doter d'achats puissants et faire la nique à ses propres fournisseurs. Elle n'a pas le choix.

La banque et l'assurance, jusque-là préservées, ont fait de même, débauchant des directeurs achats rompus à l'industrie. Peu à peu le mouvement s'étend à l'ensemble de la sphère économique. Seul l'État, aujourd'hui, semble avoir plus de peine. C'est dommage : certains experts estiment que s'il s'y prenait correctement, il pourrait économiser... l'équivalent de son déficit annuel.

Au final, chacun pressurise le niveau de fourniture inférieur. Au mieux, les achats ont permis de « structurer les filières » et, à travers leur exigence de résultat, de porter chacun des acteurs à un niveau de compétitivité et de performance mondial. Au pire, ils ont torpillé des milliers d'entreprises et les dizaines de milliers d'emplois associés.

Quels achats « pour la première fois » ?

Quels achats voulons-nous ? Quels acheteurs voulons-nous être ? Si vous répondez « de toute façon, je n'ai rien à en tirer », alors reposez ce livre, il n'est pas pour vous ; si vous répondez « des tueurs », alors n'y perdez pas plus de temps. Dans le premier cas, il n'y a rien à faire ; dans le second, qu'à hurler avec les loups. Ce n'est pas très compliqué.

Sinon, nous vous proposons de prendre le sujet à l'envers. De quels achats avons-nous besoin ? Sur quels enjeux doivent-ils travailler ? Avec quels leviers ? Font-ils autre chose qu'exercer des pressions continuelles pour obtenir des baisses de prix ? Quels outils utilisent-ils ? Quelles qualités doivent-ils développer ? Et, en regard, comment l'entreprise peut-elle se structurer pour leur permettre d'apporter leur valeur ajoutée ?

Ce livre s'adresse à vous, qui découvrez la fonction achats et qui allez vous y investir avec l'ambition d'apporter une valeur ajoutée réelle à votre entreprise. Il s'adresse aussi à vous, collègue des achats, qui voulez continuer à progresser. Il s'adresse enfin à vous, directeurs opérationnels, fonctionnels ou généraux, qui souhaitez tirer la meilleure part de vos achats.

Dans les huit chapitres qui suivent, nous allons refaire ensemble le monde des achats. À l'arrivée, nous découvrirons des achats qui existent déjà, bien entendu, du moins dans certaines entreprises où l'on sait en tirer le meilleur. Mais ces achats seront les vôtres, des achats sources de progrès, de performance durable pour l'entreprise et d'épanouissement personnel pour vous.

Alors nous pourrons commencer ou recommencer, et pratiquer pour la première fois les achats… tels que nous les voulons.

À propos de ce livre

Ce livre présente la synthèse de plusieurs années de travail, pour permettre aux entreprises de mieux valoriser leurs achats. Nous avons œuvré à la fois dans le monde de l'industrie et dans celui des services. De nombreux exemples ici sont tirés de l'industrie. Vous qui travaillez dans les services, ne vous offusquez pas. L'industrie a structuré ses achats beaucoup plus tôt que les services, et les acheteurs passés de l'industrie aux services le confirment : le métier d'acheteur « s'adresse à tous les domaines », comme le dira l'un de nos témoins.

Chaque chapitre est présenté comme une clé. Il ouvre une porte nouvelle, sur le chemin vers des achats performants et formateurs.

Il est organisé pour permettre une lecture simple et directement applicable, selon la structure suivante :

❖ les enjeux de la clé : pourquoi nous en parlons, qu'y a-t-il à y gagner, que perd-on si on ne s'y attelle pas ? Ces enjeux seront introduits par des illustrations synthétiques de situations réelles. L'entreprise « VTT » (une entreprise sacrément « tout terrain », on le découvrira à mesure, avec ses H.A. !) leur servira de cadre. Elle évitera surtout de citer les entreprises où elles se sont produites (toutes sont vraies) ;

❖ les méthodes : quelles sont les meilleures pratiques mises en place par les entreprises pour atteindre les enjeux visés ? Des exemples d'outils concrets seront donnés en même temps. L'idée n'est pas de fournir un bréviaire complet sur une technique donnée : des manuels beaucoup plus spécialisés existent, vous pourrez vous y référer aisément. Nous nous fixons, quant à nous, pour objectif de construire un « mode d'emploi » des achats, de manière à les valoriser au mieux pour vous et pour l'entreprise ;

❖ vos leviers d'action : concrètement, que pouvez-vous faire pour donner la pleine mesure des méthodes et des pratiques identifiées ? Nous le verrons, certains comportements ne sont pas simples à adopter. Ils exigent doigté, écoute, flexibilité. Mais ils sont essentiels, et largement réutilisables au-delà des achats ;

❖ tout au long des chapitres, un « grand témoin », dirigeant d'une entreprise soucieux de valoriser au mieux ses achats, viendra donner la perspective du praticien, sa vision, ses objectifs.

Vont ainsi nous accompagner dans ce parcours :

❖ **Christine Bénard,** directeur général de l'activité systèmes thermiques Europe Sud et Ouest de Valeo. Elle a commencé sa carrière comme consultante puis manager dans un cabinet de conseil. Entrée dans le groupe Valeo en 1996, elle en a animé la direction des achats pendant 4 ans, de 1999 à fin 2002. Elle témoignera sur les achats vus d'une direction générale, ce qu'ils lui apportent, avec un point particulier sur les achats projets ;

❖ **Guillaume Bitran,** directeur du business environnement pour Alstom Power Service. Il a démarré sa carrière chez PSA, à la gestion des investissements dans les projets, puis comme acheteur de métaux. Après plusieurs années dans le conseil, il a créé AluminiumFirst, la première place de marché de la filière aluminium. Il est entré ensuite chez Alstom, où il a pris en charge l'activité e-sourcing, puis la responsabilité de la supply chain chez Alstom Power Service. Il évoquera le système d'information achats et le lien entre achats et stratégie de l'entreprise ;

❖ **Jean-Philippe Collin,** directeur des achats de PSA. Il a démarré sa carrière comme développeur dans les domaines de la haute technologie, a dirigé des laboratoires d'études et de recherches. Il a ensuite intégré l'univers des achats chez IBM, en France et aux États-Unis, puis a pris la direction des achats de l'une des branches, puis du groupe Valeo. Il a pris ensuite la direction des achats de Thomson, puis aujourd'hui de PSA. Il témoigne sur le métier de l'acheteur, son impact et son positionnement optimal dans l'entreprise ;

❖ **Olivier Gourmelon,** membre du Global Procurement Board du groupe Siemens et directeur des achats de Siemens France. Il a commencé sa carrière dans l'industrie en France et en Asie, il a intégré le monde du conseil avant d'entrer aux achats de Siemens. Il explique comment, pour jouer son rôle, l'acheteur doit se positionner dans l'entreprise, et quelle posture il doit adopter ;

❖ **Laurent Jehanin,** directeur des achats du groupe Safran. Après un parcours de 19 ans dans le groupe suisse Ciba-Geigy (dont on retrouve les parties dans Novartis, Syngenta, Hexcel) successivement comme trésorier, directeur du contrôle de gestion en France, financial controller en Angleterre, il est recruté en 1992 par Louis Gallois, alors président de la Snecma, pour prendre la direction du contrôle de gestion du motoriste. Il participe ensuite à la création de Snecma Services, puis prend la direction des affaires économiques du groupe Snecma, avant de monter de toutes pièces le projet, puis la direction des achats du groupe avant la fusion avec Sagem. Il témoignera sur les achats projets et l'alignement des stratégies achats avec celle de l'entreprise ;

❖ **Françoise Odolant,** directeur des achats et des moyens généraux du groupe des Caisses d'Épargne, vice-présidente de la CDAF, la Compagnie des acheteurs de France. Elle a démarré sa carrière au contrôle de gestion et sur des missions stratégiques, avant de prendre une direction achats dans l'automobile, puis successivement la direction des achats d'Eurodisney, de Vivendi Universal et aujourd'hui des Caisses d'Épargne. Elle apportera sa vision sur la valeur ajoutée des achats et la position de l'acheteur ;

❖ **Yves Rousteau,** directeur des achats de la Compagnie générale de géophysique (CGG). Après avoir dirigé sa propre entreprise, il a démarré de grands projets de développement commercial dans l'automobile. Il est ensuite devenu acheteur leader, animateur du plan de réductions de coûts pour son entreprise, avant de prendre la direction des achats de CGG. Il témoignera sur l'« acheteur vendeur » et entrepreneur ;

❖ **Pierrick Sanne,** responsable du pôle client PSA-Mercosur chez Gefco. Après un doctorat d'économie des transports à l'université Lyon 2 et plusieurs années dans le monde du conseil en France et en Espagne, il est entré chez Trèves comme chef de projet logistique en France. Il a pris ensuite la responsabilité de la logistique du site de Curitiba au Brésil, avant de rejoindre Gefco en 2002. Il parlera de la frontière entre logistique et achats, et de leur nécessaire articulation ;

❖ **Véronique Valentinni,** acheteuse famille dans un groupe américain de produits de grande consommation, témoignera sur l'importance pour l'acheteur d'être « connecté » dans l'entreprise et la manière dont l'entreprise doit l'aider à atteindre son plein potentiel.

Tous sont des professionnels reconnus. Leur propre parcours est intéressant ; aucun n'est un acheteur de formation. Anciens élèves de grandes écoles d'ingénieurs ou de commerce, Sciences-Po, universitaires, ils sont passés par des fonctions dans la recherche et le développement, la finance, la logistique ou le commerce, avant de démarrer leur carrière aux achats… et, pour certains, de la poursuivre dans des directions générales.

Avant de commencer : sachez où vous êtes

Acheteur ou approvisionneur ?

Panique à l'unité 11 de VTT. Les acheteurs sont quasiment tous absents cette semaine. Ils sont chez les fournisseurs, au pied des machines en attendant que les pièces sortent. Les chaînes de l'unité 11 sont quasiment en rupture d'approvisionnement. Là-bas, chez le fournisseur espagnol, Hubert Acrans, l'acheteur de composants, est furieux et frustré. Semaine après semaine, ses fournisseurs ont toujours des problèmes, il passe sa vie à éviter des ruptures et il n'a pas le temps de faire son métier d'acheteur.

Les entreprises ont mis des années à distinguer les achats et les approvisionnements. Acheter – assurer la relation fournisseur la plus fructueuse pour l'entreprise – est un métier. Approvisionner en est un autre. Mais l'acheteur est à nouveau sur le pont dès que l'approvisionneur ne peut plus obtenir les pièces du fournisseur. L'expérience montre que cela arrive souvent. Et qu'achats et approvisionnements ont encore du mal à travailler ensemble.

Pierrick Sanne
responsable du pôle client PSA-Mercosur chez Gefco

Achat et approvisionnement : deux métiers à articuler

L'approvisionneur et l'acheteur ne font pas le même métier. L'acheteur participe à la conception, il discute avec les métiers, il intègre les fournisseurs, il négocie. L'approvisionneur, lui, gère le flux de marchandises, il pense risque de rupture de flux, charge de production, maîtrise des stocks ; il est en prise directe avec la production et l'ordonnancement, tandis que l'acheteur est en relation avec la conception et les fournisseurs.

La distinction claire entre approvisionneur et acheteur permet de mener des actions en « double détente ». L'approvisionneur travaille avec le responsable d'expédition du fournisseur ; ils parlent le même langage, ils sont tous les deux engagés dans le flux et visent à éviter la rupture. En cas de gros souci, ils peuvent solliciter le binôme au-dessus : celui de l'acheteur et du commercial du fournisseur. L'intérêt de l'approvisionneur n'est pas de solliciter sans cesse l'acheteur, mais au contraire de conserver sa « 2nde détente » le plus longtemps possible et de ne l'utiliser que comme un levier de dissuasion, voire d'arbitrage. En logistique, nous nous en servons d'ailleurs ainsi auprès de nos fournisseurs : « Si cela continue, nous allons le dire à l'acheteur ! »

On a parfois l'impression que cette séparation des fonctions a été comprise comme une interdiction de travailler ensemble. Au contraire ! Approvisionneur et acheteur doivent anticiper l'éventualité d'un problème avec le fournisseur, pour éviter le « tiens, je suis en rupture, débrouille-toi » trop fréquent, qui génère des frustrations et ne résout rien à terme. Ils doivent aussi assurer le suivi des opérations menées en commun, analyser les résultats, élaborer la tactique pour éviter la répétition du phénomène.

Quand l'acheteur doit en effet intervenir pour rétablir le flux, l'acheteur et l'approvisionneur doivent d'autant plus prévoir ce temps de préparation de l'action, puis de suivi des résultats, pour éradiquer les causes. Cela suppose une implication réelle de la logistique au moment du choix du fournisseur, pour identifier précisément les processus logistiques en amont, et éviter de découvrir au dernier moment une capacité déficitaire de production du fournisseur, ou une qualité de service insuffisante.

La déontologie de l'acheteur

« Vous êtes acheteur ? Mais vous êtes riche, alors ! » L'image de l'acheteur enrichi par les commissions, les pots-de-vin, les abus de biens sociaux traîne toujours dans certains couloirs. De plus en plus rarement mais, parfois encore, à raison.

Hachille Aybo, l'ancien directeur des achats de l'unité 6 de VTT, finissait toujours ses négociations de la même manière. Après avoir réduit de 15 ou 20 % le montant de la facture, il frappait du plat de la main sur la table et il demandait avec enthousiasme : « Bon ! Quand est-ce que vous m'emmenez à la pêche au gros ? » Son fournisseur virait au rouge cramoisi : comment échapper à cette dernière dépense ?

Il faut être très clair : l'entreprise est toujours – forcément – pénalisée. L'acheteur également, de manière directe ou plus certainement indirecte, parfois de manière grave.

**Françoise Odolant,
directeur des achats et des moyens généraux du groupe des Caisses d'Épargne**

La déontologie de l'acheteur diffère selon les cultures. Les Américains que j'ai rencontrés se préoccupent assez peu du prix des repas qu'on leur offre. Ils sont par contre extrêmement scrupuleux de la loyauté des affaires et de l'égalité des chances des entreprises qui soumissionnent. Ils ont moins d'états d'âme que nous sur les personnes, mais ils ne veulent à aucun prix qu'on puisse dire qu'une attribution de marché a pu être biaisée.

J'ai vu deux cas, dans toute ma carrière, où des acheteurs avaient subi des pressions de la part de leurs fournisseurs :
* un jour, un jeune acheteur m'a annoncé sa démission en m'expliquant ce qu'il avait subi. Depuis lors, dès que je prends un poste, j'explique à mon équipe que ces cas peuvent exister, même s'ils sont rares, et que personne ne doit rester seul lorsqu'il y est confronté. Les acheteurs ne sont pas responsables de ce qu'ils reçoivent. Je leur demande donc d'en parler systématiquement avec leur manager, de se faire une idée commune avec lui. Une place à l'Opéra n'a pas le même caractère qu'une montre suisse. Le but est de prendre une décision collégiale de l'entreprise autour de l'acheteur, pour qu'il ait

conscience d'exercer son métier au nom de l'entreprise. Dans ce métier vous devez savoir faire la part des choses entre la personne que vous êtes, et la fonction que vous occupez ;

- dans l'autre cas, un acheteur chevronné avait la particularité de ne pas savoir dire non. Un fournisseur lui avait fait des avances, il n'avait pas refusé formellement et s'était contenté de répondre par des pirouettes. Jusqu'au jour où le fournisseur lui a mis la main sur le bras en lui disant : « Vous avez bien compris, n'est-ce pas ? La voiture est pour vous ! » Là il a refusé clairement, demandant plutôt une baisse de prix... Et il a – enfin – parlé. Il avait peur d'une menace physique, qu'on s'en prenne à ses enfants. Nous l'avons immédiatement changé de dossier, et un autre acheteur est allé dire au fournisseur de manière neutre que nous ne traiterions plus avec lui.

Attention aussi au piège de l'amitié, au fournisseur qui est devenu le parrain de vos enfants. Un jour vous pourriez apprendre par hasard comment il vous a bien eu toute votre vie. Nous sommes forcément sous la pression de nos champs de faiblesse personnels.

L'éthique de l'acheteur

La démarche éthique n'est pas une morale, c'est un questionnement. La déontologie de l'acheteur, dont nous venons de parler, s'impose à chacun de nous. Mais elle ne résout pas tout, et bien des questions se poseront rapidement à vous, parfois des véritables cas de conscience, lorsque, par exemple votre décision peut contribuer à licencier des équipes entières ou à fermer des usines chez vos fournisseurs.

Ces questions sont essentielles – surtout vu les enjeux. Ne restez pas seul avec elles, partagez-les avec d'autres, mais ne les éludez pas. Elles sont aussi le gage que vous avez pris la mesure de votre métier. Comme chacun des collaborateurs d'une entreprise, comme chaque citoyen, nous sommes responsables de nos actes et des conséquences de nos décisions.

**Françoise Odolant,
directeur des achats et des moyens généraux du groupe des Caisses d'Épargne**

Sachant que dans tous les cas je suis là pour servir mon entreprise, comment puis-je exercer cette responsabilité au mieux ? À quel horizon de temps dois-je gérer ? Avec quelle agressivité vis-à-vis de mes fournisseurs ? Où est le juste équilibre ?

Si mon entreprise est en dépôt de bilan, il est normal que je négocie durement. Dans le secteur du luxe, à l'inverse, on a moins besoin de travailler les coûts, et on va se mobiliser davantage sur le contenu, sur les nouveaux développements, sur les produits. Dans la banque, on gère à l'aune d'une génération – de la durée d'un crédit.

Que signifie être un « acheteur citoyen » ? Que fait-on de la mondialisation, des PME en difficulté, de l'emploi dans nos pays au moment où l'on choisit de délocaliser ?

À toutes ces questions il n'y a pas de réponse universelle. Mais nous, acheteurs, vous, moi, en tant qu'agents économiques, devons nous les poser, et réfléchir à la manière dont nous voulons exercer notre responsabilité. Je peux déjà, par exemple, m'engager à faire un retour à mes fournisseurs, comme je m'engage à en faire un à chacun de mes collaborateurs. Quand un plan de délocalisation commence à émerger, je préviens mes fournisseurs qu'ils doivent s'en préoccuper. Les lâcher du jour au lendemain, quand tout est prêt, est un manquement à la relation établie. Le fournisseur peut toujours décider ce qu'il veut faire de son entreprise, s'il veut s'adapter ou non. Mais je dois l'avertir, je lui sers de veilleur.

On se pose trop rarement les vraies questions, dans l'entre-prise. On réfléchit sous la douche, on court toute la journée, on écoute les informations dans la voiture en rentrant le soir. Mais prenez le temps aussi de réfléchir à votre pratique. Aux achats, vos décisions seront souvent lourdes de conséquences. C'est aussi l'un des intérêts du métier !

Clé 1

Soyez curieux de tout, et connectez-vous

1. *Les enjeux : les coûts, bien sûr...*

Depuis trente ans, les plans sociaux se succèdent dans les entreprises occidentales. On « rationalise », on prône les structures « maigres », on « délocalise » vers des pays « low cost ». La recherche de productivités humaines est censée rééquilibrer les coûts exorbitants du travail dans nos sociétés « avancées ».

Pourtant, les bilans d'exploitation de la plupart des entreprises, en tout cas industrielles, convergent : le premier poste de dépenses n'est pas dans la main-d'œuvre. Il est dans les achats. La main-d'œuvre représente 20 à 30 % du chiffre d'affaires, quand les achats représentent plus du double. Dit autrement : si l'entreprise réduit sa masse salariale de 10 % (ce qui correspond donc à 10 % de réduction de personnel), elle gagne 2 à 3 points de marge. Si elle baisse ses achats de 10 % (ce qui est parfaitement faisable), elle en gagne entre 5 et 7. Combien d'entreprises réussissent de tels niveaux de marges aujourd'hui ?

Ne pas travailler les achats constitue un luxe, et parfois un crime. Un crime, quand en effet l'entreprise licencie, met des personnes et des familles en péril, sans même songer à s'attaquer à son premier poste de dépenses ; un luxe, quand elle se prive de niveaux de marges qui lui permettraient de se développer.

Les achats pour sauver l'entreprise

L'unité 10 de VTT a été créée juste au moment de la mode Internet. Le concept est bon, le chiffre d'affaires croît rapidement, mais elle accumule les pertes pendant ses cinq premières années d'existence. Elle est heureusement bien soutenue par le groupe.

Puis la « bulle » Internet explose. Le directeur général, qui vivait jusque-là dans une ambiance de western à la conquête du monde, doit réagir. Au lieu de « réduire la voilure » comme on le lui suggère, il décide de recruter un très bon directeur achats. L'année suivante, contre toute attente (ou plutôt contre tout espoir, car les attentes étaient pressantes), l'entreprise réalise les premiers profits de sa jeune histoire.

Les achats constituent la première « bulle d'oxygène » de toute entreprise en difficulté. Les fournisseurs sont forcément solidaires, et les impacts considérables. En situation de crise, un travail rapide sur les achats donne le temps (c'est-à-dire la trésorerie) pour sauver, puis redresser l'entreprise. Il présente un autre avantage : il ne crée pas le traumatisme majeur de plans sociaux, et l'entreprise peut mobiliser ses collaborateurs sans arrière-pensées au moment où elle a le plus besoin d'eux.

L'acheteur doit être conscient de ces enjeux : il « pèse » autant que la marge du groupe, y contribue pour au moins la moitié.

Et son action rapide peut permettre le moment venu de sauver l'entreprise. On peut rester modeste, mais on doit le garder à l'esprit.

Vous détenez l'un des leviers les plus immédiats pour ramener de la trésorerie, mais vous ne pouvez pas agir en sauveteur plusieurs années de suite. Vous devez jongler avec le facteur « temps », entre l'urgence et une temporalité de mise sous contrôle et de progrès. Votre mission ne pourra pas éluder le moyen terme. Lister les références scientifiques de tous les produits achetés (et non pas leur nom de marque), par exemple, pour standardiser et globaliser, peut prendre 6 mois. Élaborer une stratégie d'achat, plus d'un an.

... mais pas seulement les coûts

VTT est un groupe énorme, présent sur tous les marchés du monde. Il achète environ 60 % de son chiffre d'affaires. L'un de ses dirigeants s'emporte : «Vous vous rendez compte ? 60 % ! Nous sommes plus dépendants de nos fournisseurs que de nous-mêmes ! Notre compétitivité, notre innovation, notre image, dépendent pour plus de la moitié de gens que nous ne contrôlons même pas ! » L'énormité de la vérité lui explose d'un coup à la figure. Il a raison, l'entreprise est dépendante à plus de 50 % d'équipes qu'elle ne contrôle pas.

Mais justement : si les achats représentent 60 % du chiffre d'affaires, alors les fournitures extérieures représentent un potentiel équivalent d'innovation et de potentiel de différenciation sur le marché ; une source concomitante de non-qualité ; des opportunités d'internationalisation ; des sources de flexibilité de production à travers l'externalisation ou l'internalisation ; des risques de pertes de savoir-faire, etc. Sur lesquels vous allez devoir, au nom de votre entreprise et de sa performance, « garder la main ».

Vous le voyez, vous constituez beaucoup plus qu'un massacreur de prix. En réalité vous êtes, moyennant le « mode d'emploi » adapté, une véritable direction des ressources extérieures pour l'entreprise. Ou, dit autrement, la direction générale de ce qu'on appelle « l'entreprise étendue », défalquée de l'entreprise elle-même.

**Jean-Philippe Collin,
directeur des achats du groupe PSA**

Un métier d'entrepreneur

J'ai vécu le repositionnement des achats d'IBM dans les années 1990. Le groupe allait très mal. Il a recruté Gene Richter, un directeur achats venu de Hewlett Packard. Contrairement à beaucoup, Gene ne tenait pas un discours d'acheteur pour les acheteurs, mais un discours d'entreprise pour les acheteurs. Il faut parler d'entreprise aux acheteurs. En liant trop l'acheteur à la marge, on le limite et le restreint. Il faut lui montrer où et en quoi il contribue à la stratégie de l'entreprise et à ses opérations. À l'époque, tenir un discours d'intégration des fournisseurs dans un contexte de survie du groupe n'allait pas de soi. Ce discours a néanmoins permis d'allier une vision « alimentaire » des achats pour la sauvegarde du groupe, à une vision stratégique de leur contribution.

Mon expérience chez Valeo a été un autre déclencheur. Le discours du président, Noël Goutard, m'a toujours impressionné ; le groupe définit sa stratégie et se donne les moyens de l'atteindre. Valeo a une structure de décision très décentralisée. Il met naturellement l'acheteur dans sa contribution à l'entreprise, et le positionne en termes de méthodes et d'outils.

Quand je suis arrivé chez Thomson, le groupe passait d'un statut d'entreprise étatisée à celui d'entreprise privée. Il a bien fallu que les acheteurs puissent montrer ce en quoi ils pouvaient contribuer de façon plus large. Cela nous a aidés à nous positionner.

Dans tous les cas, l'acheteur doit pouvoir expliquer et porter la stratégie de son entreprise, en 3 minutes, comme un directeur général. Il n'est pas là pour se plaindre des difficultés de l'entreprise ou de ses propres objectifs, mais pour motiver le fournisseur. Comme tout entrepreneur, il doit être capable de vendre son entreprise, ses enjeux, ses produits, son développement international ou technologique. En s'intéressant à toutes les dimensions – les coûts directs (le prix) et indirects (la non-qualité achetée ou générée, les retards de livraison, la mauvaise efficacité des développements...).

Le « 360° » de l'acheteur, que nous prônons chez PSA, vise précisément à mettre l'acheteur dans cette position d'entrepreneur.

2. La méthode : le 360° de l'acheteur

2.1 Maîtrisez l'ensemble de la relation fournisseur

Certes, votre action vise à réduire les prix d'achat. Mais vous devez maîtriser aussi tous les autres paramètres de la relation fournisseur. En particulier :

❖ identifier les meilleurs fournisseurs, choisir ceux sur lesquels vous allez vous appuyer ; comprendre leur mode de fonctionnement pour organiser les meilleurs circuits de communication entre eux et votre entreprise. La performance de votre entreprise dépend d'eux – donc de votre choix – pour plus de la moitié ;

❖ repérer les risques, identifier les lacunes de leur organisation, les faiblesses de leur performance, les difficultés potentielles, les anticiper ;

❖ traquer inlassablement les non-qualités, en exiger le traitement sans compromis, piloter les plans d'amélioration ;

❖ inciter les fournisseurs à optimiser sans cesse les prix, à « peigner » les coûts, à trouver des pistes de productivité durables ; les identifier avec eux, travailler sur leurs propres postes de coûts – les achats bien entendu, les matières, la productivité de leurs ressources ;

❖ les intéresser à proposer des idées d'innovation, à prendre l'initiative, à comprendre les besoins de votre entreprise, son image, sa différence, et à imaginer des pistes nouvelles ;

❖ les intégrer dans les développements en cours, pour capitaliser sur leur propre expertise dès la conception de vos projets ; pour que chaque produit, chaque service mis sur le marché par votre entreprise intègre les savoir-faire combinés de ses propres ressources et de celles de ses fournisseurs ;

❖ les encourager aux montages industriels et aux investissements les plus appropriés aux besoins de votre entreprise ; leur proposer des alliances, voire des acquisitions ou des fusions (oui, l'acheteur fait cela aussi) ;

❖ et bien entendu construire avec eux des modes de relations francs et ouverts, formalisés dans des contrats juridiques adaptés à chaque cas.

Figure 1 – Le 360° de l'acheteur ; un « directeur général des ressources extérieures »

Partenariats

Faire – faire faire

Innovation

Maîtrise des risques
fournisseurs

Stratège

Développement

Entrepreneur

Productivités

Contractualisation
/ juridique

Manager

Resourcing
global
sourcing

Sélection des
fournisseurs

**Le rôle
traditionnel
de l'acheteur**

Qualité

Sécurisation des
approvisionnements

Négociation

Passation et exécution
des commandes

2.2 Entraînez l'ensemble de l'entreprise en interne

Vous ne pouvez pas décréter seul que votre entreprise s'intéresse aux achats et y met toute l'énergie nécessaire. En revanche, vous avez pour mission de créer les conditions de cet intérêt. À tous les niveaux : votre comité de direction ; vos collègues du marketing, de la communication, des systèmes d'information pour les entreprises de service ; ceux des études, de la R & D, de la fabrication, de la qualité, du contrôle financier pour les entreprises industrielles. C'est même là votre premier défi.

L'acheteur « modèle » a ainsi une caractéristique particulière : il sait convaincre et entraîner.

« Et vous, Monsieur le Président ? »

Ce jour-là, comme chaque semestre, VTT réunit l'ensemble de ses 300 dirigeants au CNIT, à Paris, pour exposer la stratégie du groupe et faire le point de ses résultats. La directrice des achats est sur la scène. Elle conclut : « Vos fournisseurs réalisent 60 à 70 % de votre chiffre d'affaires. Mais combien d'entre vous ont rencontré leurs dix plus gros fournisseurs cette année ? Combien même savent qui sont ces dix fournisseurs majeurs ? J'aimerais demander à notre président lui-même : sait-il que S..., M... et W... sont les plus importants fournisseurs du groupe, et qu'ils réalisent chacun plus de 300 millions d'euros de chiffre d'affaires avec nous ? En a-t-il rencontré les dirigeants récemment ? Nous pouvons vous aider à mettre les fournisseurs encore plus au service de vos objectifs. Mais nous avons besoin que vous vous intéressiez à eux. »

Quand il montera à la tribune pour conclure l'après-midi, le président dira simplement : « Vous avez raison, je ne connais pas nos plus gros fournisseurs. Et c'est un tort. Je vous demande de m'organiser les dix réunions que vous jugerez les plus utiles dans les dix mois qui viennent. » La directrice des achats vient de faire faire un bond de géant à la valeur ajoutée des achats dans le groupe.

L'acheteur a souvent la tentation du secret. À juste titre, puisque la négociation et les arguments doivent le rester de manière absolue. Mais, en interne, vous devez intéresser à votre démarche tous ceux qui prescrivent et ont besoin que l'entreprise achète quelque chose.

Comment donner envie de s'intéresser au sujet ? Ce n'est pas toujours simple, mais c'est justement ce qu'il faut trouver :

* la communication et le marketing ont toujours eu la pleine maîtrise des dépenses de publicité et du choix de leurs fournisseurs. Ils n'ont aucun intérêt à « pactiser » avec vous, puisqu'ils y perdent du pouvoir ;

* les directions études, système d'informations ou produit n'ont pas intérêt non plus à changer de fournisseur ou à vous faire intervenir plus tôt. Elles peuvent à la rigueur gagner des compétences ou des technologies nouvelles, mais les accepteront-elles ?

* les directions opérationnelles sont forcément inquiètes d'un changement de fournisseur ou de pratique qui pourrait créer des ruptures d'approvisionnement ou de qualité. Il y a déjà en interne assez de raisons de se « planter » sans aller en chercher à l'extérieur !

* finalement vous avez un allié : le contrôle financier, généralement séduit par les gains potentiels. Lui pourra soutenir vos actions de productivité en sensibilisant les autres directions « par le haut ». Mais, dans tous les cas, vous devrez les rassurer : oui, les offres seront du bon niveau de qualité, oui vous aurez des solutions de repli si nécessaire, oui la chaîne logistique sera assurée de bout en bout, etc.

3. Vos leviers : vous connecter et... « vendre » les achats !

La première chose à faire, quand vous êtes nommé aux achats, n'est pas de vous plonger dans des tableurs ou dans des techniques. C'est de vous « connecter » : avec les fournisseurs, avec les fonctions qui ont besoin d'acheter, avec d'autres praticiens.

3.1 Connectez-vous aux fournisseurs

Il ne s'agit pas de négocier. Pas tout de suite. Partez plutôt à la découverte. Qui sont vos fournisseurs ? Comment sont-ils organisés ? Quel est leur management, qui sont leurs actionnaires ? Quel est leur projet de développement – où veulent-ils progresser, quels sont leurs propres enjeux ?

Ils ne sont jamais des amis, mais vous allez travailler avec eux. Il s'agit d'instaurer une relation, de construire une confiance. Vous leur direz, vous, quels sont vos objectifs, quelles sont les limites que vous ne franchirez pas. Vous leur affirmerez vos exigences fondamentales – la qualité, les coûts bien sûr, l'innovation peut-être. Pas de principes, juste des exigences.

Ne vous avancez pas. Là où vous vous engagez, tenez vos engagements. Avec vos fournisseurs plus qu'ailleurs il est une règle d'or : mieux vaut ne rien promettre que de ne pas tenir. On vous pardonnera toujours de ne pas savoir quelque chose ou de vous être trompé. Mais ne pas tenir ses engagements laisse des traces.

Yves Rousteau,
directeur des achats de CGG

L'acheteur « vendeur »

L'acheteur est d'abord un vendeur. Il « vend » l'entreprise à ses fournisseurs, et l'intérêt qu'ils ont de travailler, de faire des efforts, d'investir pour elle. J'ai démarré dans les achats de matière plastique. Ma hiérarchie me disait : « Nous ne pesons rien sur ce marché, tout est joué d'avance. » Mon prédécesseur avait fait le tour de la question. Il m'a présenté aux « KAM » (*key account managers*) des plus grands chimistes mondiaux avec lesquels il était en relation.

En discutant avec eux, je me suis rendu compte qu'en effet nous ne pesions rien sur le marché global des matières plastiques. Mais, sur certaines matières, nous étions leaders mondiaux. Le vendeur veut toujours vous faire croire que vous êtes un client comme les autres. L'acheteur est là pour trouver l'argument qui va décider le fournisseur à s'intéresser à vous. Six mois plus tard, nous étions en relation avec les vice-présidents matières plastiques de tous les grands groupes chimiques.

Il faut avoir fait le métier de commercial pour le comprendre : l'acheteur est toujours mis en concurrence à l'achat. Cela peut paraître paradoxal, mais c'est ainsi. Le fournisseur se dit forcément : « Mon produit se mérite. » On le voit au moment des pénuries : qui va être servi ? Ou des crises – par exemple sur les délais ou la qualité. La relation que vous avez su – ou pas – instaurer, prime alors sur tout le reste.

3.2 Connectez-vous en interne

« Les acheteurs ? On ne les voit jamais ! » disent les autres directions. Stop. Nous ne sommes pas une société secrète. Il faut savoir que 70 % de notre potentiel passe par les autres directions. Ce n'est pas vous qui achetez : c'est l'entreprise. Vous êtes là pour faire en sorte que l'entreprise tout entière achète mieux.

Rien ni personne ne peut vous interdire d'aller rencontrer les collègues du bureau d'études ou la recherche, ceux de la production, de la qualité, du marketing ou du système d'informations. Ces rencontres sont essentielles. Profitez de vos « 100 jours » !

Demandez-leur ce qu'ils achètent, ce dont ils ont besoin. Quels fournisseurs ils connaissent, avec lesquels ils travaillent bien, avec lesquels ils ont plus de difficultés. Ce qu'ils apprécient, ce qu'ils aimeraient améliorer.

Véronique Valentinni, acheteuse

La valeur ajoutée de l'acheteur, un combat quotidien

Il est facile de gaspiller les ressources des acheteurs. La frontière entre les sollicitations quotidiennes – intervention pour faciliter un délai de livraison exceptionnel, implication dans des litiges qualité, traitement de factures bloquées, divers traitements administratifs résultant de systèmes et procédures en place – et le travail réel d'achat est extrêmement ténue au niveau opérationnel. Pour accomplir mon travail d'achat, comme par exemple la préparation d'un appel d'offres avec l'aide d'un technicien, je dois me faire violence pour le gérer avant tout le reste et ne pas céder à la multiplication des sollicitations opérationnelles soi-disant toutes urgentes et importantes. Le fonctionnement entre achats et autres services ainsi que le rôle de chaque département méritent d'être mieux définis, mieux compris et mieux suivis.

Si j'ai un conseil à donner à un acheteur qui débute, c'est de commencer par se présenter auprès des autres services, de repérer ses interlocuteurs potentiels et les personnes clés, d'échanger avec eux – notamment de leur faire expliciter leur vision des achats, la manière dont ils travaillent avec eux. Même si l'on attend de vous des résultats rapides, prenez le temps : cette étape vous permettra d'acquérir des repères et de pouvoir agir ensuite plus efficacement. Vous apprendrez comment les choses se font, si par exemple vous devez remettre des prix précis alors que les options de conception sont loin d'être figées ; ou quelles règles il faudrait mettre en place pour gérer les urgences avec moins de stress, voire les éviter. Et parce que vous connaîtrez les personnes, vous saurez leur expliquer et poser vos limites.

Il s'agit d'établir une relation de confiance. Vous n'avez rien à affirmer, pas de ces principes – vrais, au demeurant – sur les prérogatives ou le territoire de l'acheteur, du style : « De toute façon, c'est moi qui choisirai les fournisseurs », ou « Je veux être à toutes vos réunions avec eux. » Considérez ces règles comme des résultats, pas comme des prémices. Vous êtes là pour apporter un service. Ce n'est pas de la démagogie : c'est de l'efficacité.

Françoise Odolant,
directeur des achats et des moyens généraux du groupe
des Caisses d'Épargne

Maîtriser l'ensemble du périmètre achats

J'ai été nourrie depuis toujours à la performance globale, à la stratégie, à la vie de l'entreprise – donc à sa transversalité, à ses collaborateurs, à ses produits, à ses clients, à ses bénéfices.

Les achats sont encore méconnus. Le juridique, le marketing, la communication institutionnelle, les systèmes d'information... ne travaillent pas encore toujours avec les achats, même si les montants engagés sont considérables. Mais je ne peux pas abandonner un pan de l'entreprise sous prétexte que « ça n'est pas connu » ! Donc quand je trouve une porte fermée aux achats, j'ai envie d'y aller voir. Je réfléchis : quelle clé je peux trouver, quelle brèche, quel intérêt ils auront, derrière la porte, à me l'entrouvrir. En passant de Valeo à Eurodisney, j'ai pu voir à quel point le métier d'achat tel que je le maîtrisais pouvait s'adresser à tous les domaines. Cela m'a donné une confiance énorme. Ce qu'il y a derrière la porte est sûrement formidable. Et ceux qui se tiennent derrière ne savent sûrement pas tout ce qu'ils perdent à ne pas laisser entrer les achats. Je ne peux pas priver l'entreprise de ce savoir-faire. Ma contribution de directrice des achats est justement là : comment faire bénéficier mon entreprise de toute la valeur ajoutée des achats ?

La « conquête » du périmètre achats diffère selon les entreprises. Chez Valeo, nos devoirs et responsabilités étaient tellement clairs que nous n'avions qu'à les exercer. Nous n'avions pas à conquérir le territoire, nous n'avions qu'à l'occuper.

Chez Universal Studios, quand j'ai pris la direction des achats de Vivendi Universal, j'ai trouvé des acheteurs plutôt impérialistes qui décrétaient un jour que tel fournisseur était le bon et signaient un contrat avec lui. Résultat, le contrat n'était pas utilisé par les unités du groupe.

Chez Eurodisney, en revanche, toutes les fonctions de l'entreprise étaient associées à la vision du président : l'équipe française devait impérativement démontrer d'excellents résultats d'exploitation pour convaincre les investisseurs de financer le deuxième parc. L'enjeu était vital, et nous étions tous alignés là-dessus.

Les achats constituaient un nouveau métier pour l'entreprise, j'ai dû faire beaucoup de pédagogie. Les hôteliers, pour qui un sou est un sou, étaient acquis d'avance. Mais le directeur des spectacles ignorait tout des achats ; il aurait pu les rejeter, de crainte de ne pas avoir son service. La vision du président s'est imposée très naturellement. Nous avons monté ensemble des négociations (entre autres) sur les chars de parade, et nous avons atteint de bons résultats. J'ai mis mon meilleur acheteur chez lui. Plus tard, quand j'ai voulu le récupérer pour d'autres missions... on n'a pas voulu me le rendre ! Les achats avaient gagné.

3.3 Connectez-vous en particulier au juridique

Dans votre carrière d'acheteur, vous devrez élaborer des clauses contractuelles, voire des contrats complets, avec des entreprises de tous les pays : comment faire, par exemple, en droit anglo-saxon ou pour des montages complexes ? Vous aurez à organiser des appels d'offres rigoureux, pour éviter les accusations de concurrence déloyale.

Vous serez soumis à des risques de défaillances fournisseurs : comment sécuriser les approvisionnements, quand un fournisseur dépose le bilan ? Vous devrez gérer des retards de livraison ou de mise en service, des problèmes qualité : quel système de pénalités, de recours, de remboursements pourrez-vous mettre en place ? Vous aurez sans doute aussi à gérer des questions de propriété intellectuelle : une étude ou un développement vous appartient quand vous le payez, mais comment en garantir la propriété si votre fournisseur amortit ses coûts de développement dans le prix des pièces qu'il vous livre ?

Pour tout cela des mécanismes particuliers existent. Mais vous avez besoin d'une compétence juridique forte. D'excellents modules de sensibilisation au juridique achat existent, allez les suivre. Et connectez-vous aux juristes. Expliquez-leur ce que vous attendez d'eux : une contribution à la contractualisation, mais surtout un conseil opérationnel. N'attendez pas d'avoir besoin d'eux – ce sera trop tard !

3.4 Connectez-vous aux meilleurs praticiens

Vous aurez toujours intérêt à rencontrer régulièrement d'autres collègues, en interne comme à l'extérieur. Vous pourrez parler prix d'achat, échanger des informations sur des fournisseurs communs ou vos bonnes pratiques. Vous êtes assez seul, dans l'entreprise. Le partage avec d'autres est toujours bienvenu, par exemple dans des associations professionnelles d'acheteurs.

Traditionnellement, les formations constituent aussi de bonnes occasions d'échanges avec des praticiens chevronnés. Plusieurs organismes en proposent d'excellentes, principalement sur le métier d'achat, la négociation, le marketing achat ou les achats projets. N'hésitez pas !

Clé 2

Réduisez les prix d'achat

1. L'enjeu : tout le monde connaît, merci !

« L'acheteur est là pour réduire les prix d'achat. » On ajoute immédiatement : « En négociant au plus serré avec ses fournisseurs. »

Votre rôle dépasse largement cette noble mission, mais il l'inclut indiscutablement. Cette deuxième clé est la plus évidente, celle que vous allez pratiquer le plus spontanément, parce qu'on vous y reconnaît et vous y incite chaque jour : faire baisser le prix des matières, des systèmes d'information, des services achetés.

« En négociant au plus serré. » En réalité, on veut dire « marchandage ». Ne tombez pas dans le piège. La négociation n'est pas un marchandage. La négociation est un art – avec ses règles, ses techniques, ses fondamentaux, maniés surtout par le savoir-faire et la personnalité du négociateur. Nous n'allons pas nous y attarder, une négociation se « vit » et les formations sont légion.

La préparation de la négociation, elle, est une science moins connue. Nous allons nous attacher aux leviers qui vous seront les plus utiles.

2. La méthode : accroître son pouvoir de négociation

Nous avons tous en tête ces images de l'acheteur en pleine négociation (souvent rebutante pour les candidats acheteurs, d'ailleurs). Il fait tout pour déstabiliser son fournisseur. Il l'a fait attendre longtemps dans une salle inconfortable et bondée, il l'a fait entrer dans un box minuscule. Il a commencé par lui parler des problèmes qualité, des ruptures de stock scandaleuses. Il a ensuite parlé « prix » de manière agressive, avec des « c'est à prendre ou à laisser », des « c'est de la provocation » et autres « c'est inadmissible ». Au bout d'un moment il s'est levé violemment, il a dit que « quand vous redeviendrez raisonnable on en reparlera », et il est sorti de la pièce en claquant la porte ; puis il est revenu en demandant si son interlocuteur avait « réfléchi », ou bien il n'est même pas revenu.

On a les fournisseurs qu'on mérite. Ils ne sont pas idiots. Si vous leur imposez une pièce de théâtre, ils vont vous envoyer des comédiens.

2.1 Un jour, une heure, une salle de réunion, un acheteur et un vendeur...

Il se trouve un moment où l'acheteur et son fournisseur « discutent » pour se mettre d'accord sur une chose achetée et son prix.

Il ne s'agit pas de marchander. « Marchander » signifie transférer de la marge entre le fournisseur et son client. Tantôt le fournisseur préserve sa marge (par exemple en ne dévoilant

Olivier Gourmelon,
directeur des achats de Siemens France

La posture de l'acheteur, une curiosité pour ouvrir

La première qualité d'un acheteur, c'est son ouverture d'esprit. Il a la curiosité du monde qui l'entoure, la volonté de comprendre, le goût du contact. Il a une culture générale large – qui va au-delà de la technique.

Il est forcément déstabilisé par les vendeurs de ses fournisseurs, qui sont beaucoup plus sûrs d'eux, ciblés, centrés, plutôt mono-messages. Le vendeur vous incite à penser dans une seule direction, alors que vous êtes au contraire câblé pour ouvrir – le débat, les possibilités, les alternatives. D'un côté, la maîtrise de son sujet par le vendeur rassure l'acheteur. De l'autre, l'acheteur est là pour identifier les risques potentiels et pour les anticiper, et il a l'expérience du caractère éminemment fragile de toute construction humaine. Alors arrive forcément un moment où l'acheteur a envie de questionner le vendeur, de le déstabiliser.

Vendeur et acheteur ne partagent pas non plus la même vision du temps. Le vendeur raisonne à un coup, tandis que l'acheteur a le recul. Le turnover des vendeurs est supérieur à celui des acheteurs. L'acheteur sait combien son précédent achat a vraiment coûté : le prix, mais aussi la qualité, les coûts de mise en place, de démarrage, d'exploitation, de maintenance, de gestion et de contrôle qualité. Il peut éclairer la vente différemment. L'acheteur a des repères beaucoup plus variés sur le temps, le périmètre, la relation au produit, le développement durable, les clients finals, la performance des autres fournisseurs sur les mêmes critères.

> L'acheteur est celui qui a l'argent à dépenser. Le vendeur, lui, a besoin de séduire. L'acheteur aime dominer dans son registre. Or je ne peux dominer que si j'écoute et je regarde. Le dominant n'est souvent pas celui qui parle.

pas une productivité qu'il a réalisée), tantôt il la perd au profit du client. Vous connaissez forcément la marge de vos fournisseurs, et eux connaissent la vôtre. Les filières économiques vivent désormais sur un mode de « statu quo » étroitement surveillé. Si un fournisseur parvient à réaliser des bénéfices importants une année, il passera un mauvais quart d'heure dès l'effet de surprise passé.

Personne ne gagne rien à ces transferts de marge. Ils ne reflètent qu'un rapport de force instantané entre personnes. Il n'est pas raisonnable de miser sur un jeu de rôles la marge de son entreprise. Ne soyons pas dupes néanmoins, le « rituel » fait partie des pratiques courantes de l'acheteur.

Nous allons voir à présent sur quoi vous pouvez vous appuyer pour négocier utilement. Vous pouvez toujours dire : « Il me faut 10 % de baisse de prix. » Mais c'est mince, quand on s'attaque à un patron, à ses résultats de l'année et, s'il est actionnaire de son entreprise, à ses propres deniers.

2.2 Cherchez les alternatives

Plus vous êtes lié à un fournisseur, et moins vous avez de latitude pour négocier. L'une de vos missions est de repérer, de préparer, voire de constituer (et cela peut prendre des années) des alternatives viables de sourcing.

> Le fournisseur de systèmes de VTT est en situation de quasi-monopole, il ne propose aucun gain, ne cède aucune productivité. Les enjeux sont considérables.

Hubert Astus, l'acheteur de VTT, se dit qu'il doit changer le jeu concurrentiel. Il trouve d'autres fournisseurs de systèmes, les aide à accroître leur niveau de technologie et de qualité, prend à sa charge certains investissements. Deux ans plus tard, H. A. a 3 fournisseurs de systèmes en concurrence. Avec à la clé 30 % d'économies.

2.3 Comparez (ou « benchmarkez ») les prix d'achat

❖ Avec l'extérieur. Les acheteurs sont muets comme des carpes, mais ils savent se parler. Si vous vous êtes « connecté » (clé 1), vous vous êtes constitué des réseaux d'information entre acheteurs de mêmes familles de produits. Vous pouvez échanger sur vos fournisseurs, sur leurs performances, sur les prix qu'ils pratiquent (dans toutes leurs composantes : prix, conditions de paiement, modes de livraison…), voire…

Hilde Ambule, l'acheteuse de frais généraux de VTT, trouve les prix de son fournisseur de services beaucoup trop élevés. Elle appelle Henriette Abasse, son homologue d'une autre entreprise, lui raconte sa difficulté. Henriette lui dit : « Je pense comme toi, je l'ai convoqué lundi prochain… Dis, par hasard, tu ne voudrais pas passer – de manière tout à fait fortuite, bien entendu – par le restaurant Truc, lundi vers 13 h 30 ? Je serai avec ce monsieur, et t'inviterai à prendre le café… tu me comprends ? »

❖ … et en interne, pour les groupes décentralisés.

> Quand Renault est entré dans le capital de Nissan, il a vu rapidement les écarts de prix que pratiquaient ses propres fournisseurs vis-à-vis du constructeur japonais, il est (gentiment ou pas) retourné les voir pour leur dire qu'il savait, et il a économisé des milliards de yens.

Le benchmark interne ne coûte rien et rapporte beaucoup. Il s'agit – simplement – de comparer les prix pratiqués par les fournisseurs pour des produits ou des services équivalents dans des unités distinctes. Ne croyez pas qu'il s'agisse là d'une simple formalité : de mémoire d'acheteurs, nous n'avons jamais vu de cas où les prix étaient cohérents. Il n'est pas rare qu'un fournisseur pratique des prix sensiblement différents à plusieurs unités d'un même groupe.

Si votre entreprise rachète une entreprise concurrente, foncez comparer les prix pratiqués par les fournisseurs, renégociez immédiatement pour aligner les prix sur les meilleurs. Ensuite, épluchez les contrats pour trouver les meilleures conditions : des productivités récurrentes, des conditions de paiement, une offre de maintenance sur un équipement, des conditions de livraison, etc. Vous pourrez alors remettre l'ensemble des volumes consolidés sur le marché (cf. 2.4 ci-dessous). Et sans doute faire baisser encore les prix en intéressant de nouveaux fournisseurs.

2.4 Consolidez les volumes

> L'unité 6 de VTT achète des composants électroniques à Elcom, un groupe américain en situation de monopole. Le commercial d'Elcom passe une fois de plus rencontrer Héloïse Ayler, l'acheteuse de VTT. Non, Elcom ne baissera pas ses prix. Cela dure depuis des années. Pour couper

court à la virulence de son interlocutrice, il lui montre la grille tarifaire : « Quand vous achèterez le double de composants, vous les payerez 30 % moins cher »... H. A. lui demande une copie de cette grille pour, dit-elle, expliquer à ses chefs.

Deux mois plus tard, VTT rachète une entreprise allemande du même secteur. Coïncidence : les Allemands achètent les mêmes composants à Elcom en quantité équivalente. H. A. a ressorti la grille tarifaire... et a fait baisser les prix de 30 % !

Dans un groupe décentralisé, plusieurs unités achètent des produits ou des services similaires. Vous pouvez vous poser plusieurs questions simples. Quel « poids » représente votre groupe sur le marché du produit ou du service acheté ? Comment pouvez-vous rassembler tous les volumes achetés par le groupe, les mettre sur le marché et les faire coter par les fournisseurs ? Ne croyez surtout pas que « tout a déjà été fait ». On en découvre tous les jours !

De plus, un même fournisseur peut travailler dans plusieurs familles. Comment consolider l'ensemble des volumes que vous lui achetez ? Le fournisseur joue bien sûr de l'éclatement de ses activités pour refuser des baisses de prix. Mais on voit régulièrement des entreprises qui « pèsent » 10 à 15 % du chiffre d'affaires d'un fournisseur... et qui l'ignorent.

2.5 « Ressourcez » et « global sourcez »

VTT achète 5 000 références différentes de pièces plastiques de toutes tailles et de toutes matières, à une centaine d'injecteurs. Fruit de l'histoire : à chaque nouveau

composant acheté, l'acheteur en charge a fait conscien-
cieusement son appel d'offres et choisi le meilleur
fournisseur. À présent VTT veut une baisse des prix géné-
ralisée. Comment faire ?

« Sourcer », c'est identifier le fournisseur auquel on va acheter.
« Ressourcer », c'est changer de fournisseur. En général, on
« ressource » en changeant la donne concurrentielle.

Vous allez consolider l'ensemble des volumes (sur des pièces
comparables) pour l'ensemble des références achetées, et les
proposer au marché en bloc. Vous pourrez, par exemple,
engager une opération d'enchères inversées par lots de références. Les prix baissent souvent de manière spectaculaire.

Vous pouvez également profiter de ce « resourcing » pour
élargir la consultation à des fournisseurs de pays à main-
d'œuvre bon marché (LCC, ou « low cost countries »), au-
delà de vos fournisseurs occidentaux traditionnels. On parle
alors de « global sourcing ». L'opération dans ce cas est plus
complexe, plus risquée – vous devez visiter tous ces nouveaux
fournisseurs, les évaluer, établir des relations avec eux, monter
des circuits logistiques souvent complexes, intégrant des pratiques juridiques et douanières différentes. Restez vigilant
cependant, le « low cost » peut coûter très cher !

2.6 Décomposez les prix

VTT achète des plastiques techniques particulièrement
chers. Son fournisseur lui annonce que ses prix sont mul-
tipliés par deux, « pour répercuter le doublement des prix
du pétrole ». Va-t-il accepter ?

Qu'est-ce qui fait le prix du composant ou du service que vous
achetez ? Quelle est la part matière ? La part main-d'œuvre ?

La part d'amortissement des investissements ? Faites un exercice simple : à quel prix estimeriez-vous le produit, si vous deviez le fixer vous-même ?

Dans le cas précédent, le pétrole n'intervient que pour 10 % dans le prix de la matière. Tout le reste vient du process. Un doublement du prix du pétrole se traduit par une augmentation... de 10 %, et non de 100 %. Le prix de la matière, dans le cas ci-dessus, est lié à deux facteurs majeurs : une sous-capacité mondiale induit une forte tension sur l'offre, donc sur les prix ; et la matière est considérée comme « noble », donc « il est normal qu'elle soit chère ». On voit toute la marge de manœuvre qu'a l'acheteur, surtout s'il sait de surcroît qu'un autre chimiste doit ouvrir une nouvelle unité de production dans les semaines qui viennent !

Mais vous ne pouvez rien faire si vous n'avez pas recherché ces informations au préalable.

2.7 Mettez en cohérence votre besoin avec les projets du fournisseur

Si vous êtes un client important pour votre fournisseur, alors immanquablement votre entreprise fait partie de sa stratégie. Vous représentez une perspective de développement. Vous devez comprendre en quoi. Car si votre besoin correspond à son projet stratégique, alors vous pourrez lui demander plus.

Le fournisseur de l'unité 8 de VTT fabriquait jusqu'ici des pièces plastiques. Il a développé un nouveau savoir-faire d'intégration de câblage et de modules électroniques, grâce au rachat d'une entreprise spécialisée. Il en parle à Hildebert Aybasque, l'acheteur de VTT, lui demande s'il pourrait lui mettre le pied à l'étrier. S'il peut lui donner satisfaction, H. A. pourra en tirer beaucoup...

Bien sûr vous prenez un risque, et vous devrez veiller à qualifier le fournisseur sur son nouveau domaine. Si vous avez suffisamment confiance en lui, vous avez intérêt à l'aider. Il est prêt à investir pour vous – à travers des baisses de prix ou des investissements. À terme, vous aurez aidé un bon fournisseur à se développer – donc à accroître son savoir-faire là où vous en avez besoin.

Chaque fournisseur a obligatoirement un business plan, un projet de développement : pénétrer de nouveaux marchés, de nouveaux pays ; attaquer des métiers à plus haute valeur ajoutée, développer de nouvelles technologies ; accroître ses volumes, évidemment ; ou simplement améliorer sa performance. Dans tous ces cas vous pouvez l'aider à réussir, à justifier des ressources ou un investissement. À vous de savoir en profiter. Les véritables négociations « gagnant – gagnant » se trouvent autour de ces projets.

Yves Rousteau,
directeur des achats de CGG

L'acheteur « entrepreneur », établir et faire vivre des partenariats

L'acheteur ultime est celui qui sait établir et faire fonctionner des partenariats. Il est le coach de la relation. Il aide le fournisseur à se développer dans l'entreprise. Il porte la relation dans le temps, avec des enjeux inflexibles de performance, de productivité, de qualité. Il tient le fournisseur en tension permanente par rapport à la concurrence – s'il n'est pas compétitif, de toute façon, la relation ne durera pas. Il sait faire comprendre le besoin de l'entreprise pour que le fournisseur puisse y répondre le plus vite possible, en apportant la meilleure valeur ajoutée possible.

C'est un rôle très difficile. L'entreprise est toujours primesautière, elle aime passer d'un fournisseur à l'autre.

Le rôle de l'acheteur est de capitaliser sur la relation dans le temps, au-delà de la durée d'un contrat, pour en tirer le meilleur.

En fait, l'acheteur fait du business development amont. Il fait émerger ce que les deux partenaires font le mieux, il instaure les conditions nécessaires pour que 1 + 1 soit supérieur à 2.

Le commercial doit penser à son « service après-vente ». Pour tirer le meilleur d'un fournisseur, l'acheteur doit développer de même son « service après-achat ». Je me pose toujours la question : « Qu'est-ce que j'apporte à mon fournisseur ? » Ou plus exactement : « Quel projet (entrepreneurial et stratégique) lui permets-je de développer ? » Je dois être capable de comprendre sa logique, de définir un langage entre lui et nous, jusqu'à intercéder pour lui en interne, et jusqu'à lui permettre de faire basculer sa propre entreprise si nécessaire.

J'ai plusieurs exemples de marchés sur lesquels nous ne pesions pratiquement rien – ni en volume, ni en valeur. En identifiant les projets de nos fournisseurs, en comprenant leurs propres logiques de développement, j'ai pu rencontrer les présidents de plusieurs grands groupes mondiaux, et je les ai amenés à s'intéresser à nous. Dans un domaine nous avions les besoins technologiques les plus sophistiqués au monde, et cela les tirait en avant. Dans un autre, nous leur apportions un nouveau segment de métier : au pire, s'ils travaillaient avec nous, ils se faisaient une référence sur ce segment ; au mieux, ils développaient en plus un business conséquent. Dans un autre domaine, notre exigence de performance les faisait progresser sur leurs process de fabrication. À chaque fois nous avons pu leur demander des efforts considérables – de développements, d'investissements, de baisses de prix, de mouvements stratégiques.

Dès que vous donnez un marché à un fournisseur, vous avez une opportunité. Vous pouvez créer le changement au sein de son entreprise, l'aider à améliorer sa performance, à venir s'implanter là où vous allez, à réformer ses méthodes et ses processus, à s'allier avec d'autres. Un marché, c'est déjà un projet possible.

Quand votre besoin rencontre un de leurs projets, ils sont prêts à vous suivre et à faire des efforts très substantiels pour vous. Tel est bien l'un des rôles majeurs de l'acheteur.

Figure 2 – Vos leviers pour préparer une négociation... et faire baisser les prix d'achat

❑ **Préparer des alternatives potentielles**

❑ **Comparer les prix d'achat :**
  ➢ À l'extérieur
  ➢ En interne, entre les entités acheteuses
  ➢ Comparer les contrats, étendre les plus intéressants

❑ **Consolider les volumes :**
  ➢ Par référence
  ➢ Par fournisseur

❑ **Ressourcer**

❑ **Penser « global sourcing »**

❑ **Décomposer les coûts**

❑ **Connaître les projets stratégiques du fournisseur, identifier comment mon besoin alimente l'un de ses projets :**
  ➢ Développer de nouveaux marchés avec d'autres entités de mon entreprise
  ➢ Développer de nouveaux segments
  ➢ Développer une technologie nouvelle
  ➢ Accroître les volumes
  ➢ Améliorer sa performance

3. Votre premier levier : la maîtrise de la relation fournisseur

3.1 Invitez-vous à toutes les réunions fournisseurs

« Ma réussite tient à une pratique toute simple, raconte Hubert Achougne, le directeur des achats de l'unité 12 de VTT. Chaque lundi, je vais voir l'assistante du président, et je regarde son agenda avec elle. Le président fait partie d'un réseau d'anciens élèves et reçoit fréquemment des demandes de rendez-vous de camarades connus ou inconnus. Il accepte ainsi de rencontrer un ou deux fournisseurs chaque mois. Alors je m'arrange pour le croiser et je lui dis : «Tiens, Président, j'ai vu que vous rencontriez tel fournisseur après-demain ? » Et lui me répond : « Ah oui, très juste ! Vous pourrez vous joindre à nous, j'espère ! » Ainsi je peux utiliser tout le poids de son statut vis-à-vis des fournisseurs, et en même temps intégrer la valeur ajoutée des achats au plus haut niveau de l'entreprise. C'est tout bête, mais c'est déterminant. »

Tout le monde n'a pas la chance d'être directeur des achats, ni d'avoir un patron puissant. Dans tous les cas, cependant, à tous les niveaux et dans tous les types d'entreprises, le même « truc » s'applique : si vous voulez apporter un maximum de valeur ajoutée, alors vous devez être assez proche de vos collègues d'autres directions, pour qu'ils vous invitent à chacune des réunions qu'ils organisent avec des fournisseurs. Si possible au premier contact, pour éviter que tout soit « ficelé » quand vous entrez dans le jeu.

3.2 Intervenez au plus tôt dans les projets d'achat

> Le directeur qualité de VTT entre dans le bureau d'Hugues Athey, l'acheteur du siège : « Nous avons choisi un prestataire pour notre action d'amélioration de la qualité. Tout est prêt, il démarre son premier séminaire lundi. J'aimerais juste te demander une toute petite chose : il est un peu cher, et il faudrait faire baisser les prix. Tiens, voilà ses coordonnées. »

Que peut raisonnablement faire H. A. dans une telle situation ? Prendre le fournisseur à la gorge ? Lui expliquer qu'il a abusé de la situation ? Lui demander de l'aide, un « coup de pouce » pour justifier sa fonction ?

Quand tout est ficelé et qu'il ne lui « reste plus qu'à négocier », l'acheteur suscite la pitié, le mépris ou, lorsqu'il exige jusqu'à obtenir sa « remise », la haine. Privé de marge de manœuvre, l'achat se réduit en effet à la passation de bons de commande ou au bras de fer avec les fournisseurs. Dans les deux cas, l'entreprise se prive de l'essentiel de sa valeur ajoutée. Bref, dans de telles situations, ami acheteur, réfléchis à des arguments sérieux, ou passe ton chemin. Tu as beaucoup mieux à faire ailleurs.

3.3 Faites sentir au fournisseur que vous êtes son allié incontournable

> Eliott, le fournisseur de l'unité 7 de VTT, prend les acheteurs pour des imbéciles. Il les court-circuite, travaille directement avec les études et le marketing, rencontre même le patron de VTT régulièrement. Hector Aboux,

l'acheteur de VTT, est excédé. Il va trouver le directeur général d'Eliott et lui dit tranquillement : « Vous ne voulez pas vous développer chez nous ? Je ne vous vois jamais, on dirait que vous me fuyez ! Alors que je pourrais sans doute vous mettre en contact avec toutes les unités du groupe pour lesquelles vous ne travaillez pas encore... » Du jour au lendemain, H. A. est devenu la personne la plus importante pour Eliott.

Vous avez un énorme avantage : vous êtes le seul de toute l'entreprise à pouvoir consolider les volumes. Cela vous rend incontournable pour tout fournisseur. Le tout est d'en être persuadé, et... qu'il le sache !

3.4 Connaissez de manière intime votre marché fournisseurs

Vous devez tout savoir de votre marché fournisseur. Quelles sont les grandes tendances, comment il évolue, s'il est en phase de structuration avec de grandes manœuvres de rachats d'entreprises, s'il reste atomisé et local, quelles marges dégagent traditionnellement les fournisseurs, etc.

Depuis quelques années, par exemple, les investisseurs financiers viennent renforcer (certains diront « bouleverser », en tout cas « troubler ») le jeu industriel.

Le métier d'acheteur est en train de s'enrichir à nouveau : quelle est la stratégie de tel fonds, qui vient d'acquérir une part importante du capital de votre fournisseur ?

La connaissance du marché fournisseur vous permettra d'élaborer une stratégie d'achat. Ce sera l'objet de la cinquième clé.

3.5 Et... maîtrisez les fuites

Baisser les prix d'achat est un enjeu majeur de l'entreprise. Éviter de perdre de l'argent en est un autre. Les achats de frais généraux – fournitures, maintenance, nettoyage, déplacements, énergie, télécommunications, etc. – constituent un bon exemple. Par rapport aux achats de production (ceux qui entrent dans les produits et services de l'entreprise), ils ont plusieurs caractéristiques :

❖ ils sont multiples ;

❖ ils sont indispensables au fonctionnement fluide de l'entreprise ;

❖ ils sont achetés là où sont les besoins, donc localement, et généralement très éclatés chez de multiples fournisseurs ;

❖ ils sont peu suivis par l'entreprise, trop éparpillés sans doute pour être mis sous contrôle. Ils sont en tout cas très loin de l'attention portée par le comité de direction aux achats de production ;

❖ ils ne sont pourtant pas négligeables, avec des volumes d'achats équivalant environ à 25 % des achats de production ;

❖ pour finir, les acheteurs de frais généraux sont généralement des oubliés – injustement, on va le voir – de l'entreprise.

Les achats de frais généraux ont le même potentiel de gain que les achats de production. Les principes précédents s'appliquent. Les marchés fournisseurs évoluent, de la libéralisation du marché des télécommunications à l'ouverture du monopole de l'électricité ; vous pouvez de même négocier, ressourcer, globaliser, comparer... et obtenir des gains significatifs. Certains groupes sous-traitent leurs achats généraux à des entreprises spécialisées pour réaliser ces gains.

Puis il y a d'autres enjeux.

Dans VTT arrivent des cartons de brochures de procédures internes. Les factures, adressées individuellement à chaque direction, apparaissent plutôt élevées. La plupart des directeurs achats signent machinalement. Sauf l'un d'eux. Il s'étonne, en parle, découvre le pot aux roses. Un acheteur de frais généraux a passé une commande « pirate » à un de ses fournisseurs. Joueur invétéré, il s'est endetté, puis il a accepté des « aides » de la part du fournisseur, qui a commencé à le faire chanter. Le manège dure depuis des mois. Personne ne s'en est rendu compte.

Au-delà des gains d'achat, il s'agit de contrôler ces frais généraux, et d'éviter les détournements, les nuisances et les pertes potentielles qu'ils recèlent.

Lheureux est un grand patron, il a monté son usine à partir de rien, pour en faire l'une des unités modèles de VTT. Son collègue Boulimic veut le déboulonner de son piédestal. Il fait diligenter une enquête sur place, en quête de « malversations » potentielles. Où trouver ? Bien sûr : dans les frais généraux. Les achats sont tellement morcelés, tellement peu sous contrôle, qu'on ne peut trouver trace d'appels d'offres systématiques. On va faire parler les fournisseurs. Vu leur nombre, il y a forcément des aigris. Ceux-là racontent, colportent des rumeurs. Un rapport est rédigé. On y lit : « Le fournisseur Zed veut rester anonyme, il craint pour sa vie. Il certifie qu'il a réalisé une barrière gratuitement pour la résidence secondaire de Lheureux, sur la promesse d'un marché pour VTT qu'il n'a jamais eu. » Personne ne peut prouver le contraire. Lheureux est licencié.

Des montants importants, des volumes éparpillés, des fournisseurs multiples, des acheteurs souvent livrés à eux-mêmes : le cocktail des achats généraux peut être explosif.

Si vous êtes acheteur de frais généraux, faites savoir ce que vous réussissez. Et... gardez la trace de vos appels d'offres. Sinon, intéressez-vous aux collègues des frais généraux et faites-leur la place qui leur revient.

Clé 3

Achetez efficient : traquez les productivités

1. *Les enjeux : assurer les gains d'achat, même quand les prix montent*

Les leviers que nous venons de voir apparaissent déjà comme une formidable machine de guerre pour réduire les prix d'achat. Pourtant, ce livre ne s'arrête pas ici : nous n'avons touché à ce stade que 30 à 40 % de votre potentiel de gains.

Ces leviers ont une caractéristique commune : ils sont à votre main, c'est-à-dire que vous pouvez les mener seul. Si, en plus, vous travaillez avec vos collègues d'autres directions, vous allez pouvoir aller beaucoup plus loin.

Le prix des matières premières ne finit plus de monter. Le pétrole a doublé, les matières plastiques et l'acier ont pris 30 % de hausse. La pâte à papier s'y met aussi, le prix de l'emballage bondit. Les producteurs jouent les ruptures de stocks, arguent de sous-capacités mondiales à cause des besoins exorbitants de la Chine, de hausses de prix de leurs propres matières premières.

Pourtant, les achats de VTT diminuent de 4 %. Grâce à eux le groupe va encore réaliser une marge de 3 points cette année. Comment font-ils ?

Jusqu'ici nous avons vu comment vous pouviez acheter « efficace », c'est-à-dire faire baisser vos prix d'achat sans modifier ce que vous achetez. Nous allons voir ici comment vous pouvez acheter « efficient », c'est-à-dire inciter l'entreprise à acheter ce dont elle a réellement besoin. Voilà pourquoi, pour réussir cette clé, vous avez besoin des autres fonctions. Cette nuance change toute votre posture.

2. Les méthodes : questionnez tous azimuts

Vous avez vocation à identifier toutes les « poches » de productivité qui impactent les fournisseurs, et à animer l'ensemble des fonctions de l'entreprise pour les réaliser. Pourquoi vous ? Sans doute parce qu'il n'y a personne d'autre !

Olivier Gourmelon,
directeur des achats de Siemens France

Le « chaînon manquant »

Les fournisseurs comprennent les besoins de productivité. Il n'y a pas besoin de leur expliquer dix fois. Mais il est plus délicat d'en organiser la réalisation et le suivi rationnel.

L'acheteur est ici avant tout médiateur, un coordinateur entre le fournisseur et l'entreprise dans toutes ses composantes. Il est le liant, le metteur en relation, parfois le contrôleur (KPI, *key performance indicators*, BSC, *balance scorecard*). Celui qui va repérer et assurer le chaînon manquant. Le diagnostic de l'interopérabilité entre l'entreprise et le fournisseur est primordial. L'acheteur intègre en particulier les objectifs des prescripteurs, leurs soucis quotidiens ou ponctuels, il sait les transcrire en mesure concrète, puis inciter et aider le fournisseur à y répondre.

Les types de productivité envisageables sont multiples. Sans prétendre à l'exhaustivité, en voici quelques-uns.

2.1 Rationalisez les produits ou services achetés

À force de développer des produits nouveaux à la demande du marché, l'entreprise se trouve rapidement confrontée à une « explosion » de références. Elle veille généralement à rationaliser les gammes de produits qu'elle vend, mais elle oublie souvent de rationaliser les produits ou des prestations qu'elle achète. La rationalisation des produits achetés constitue ainsi un levier de productivité inexploité.

La plupart des unités de VTT achètent des équipements de protection individuelle (bleus de travail, gants, casques...). Hector Ationnel, l'acheteur du siège, découvre que les spécifications diffèrent d'une unité à l'autre. Le groupe achète à 30 fournisseurs différents. H. A. travaille avec les CHSCT (qui décident des spécifications), et parvient avec eux à concentrer l'ensemble des achats sur 3 fournisseurs, pour un gain de 150 000 euros.

Allez voir les quantités de références dans votre famille d'achat. Comparez-les, regardez leurs différences. Et, avec les prescripteurs, présentez le tout aux fournisseurs avec lesquels vous avez envie de travailler. Ils auront sans doute des propositions intéressantes à vous faire.

2.2 Cherchez les substitutions

Les prix montent. Hildan Aliz, l'acheteur de matières, reprend la liste et les quantités de matières plastiques achetées. Il découvre qu'il est le premier consommateur mondial de plusieurs grades de matières. VTT est certes un grand groupe, mais de là à l'imaginer en leader mondial toutes catégories...

Au gré des recherches de VTT, les fournisseurs ont développé de nouvelles matières (évidemment plus chères). Ici ils ont amélioré la résistance à la chaleur, là sa capacité d'injection, ailleurs sa résistance au choc. Avec un ingénieur de la R & D, H. A. convoque les fournisseurs, les met devant la liste et leur demande des propositions d'évolutions. En substituant des matières plus standards, VTT parvient à réduire sa facture de 2 %, quand le prix des matières augmente de 8 % !

Matières et emballages sont particulièrement propices à de telles substitutions. Nous sommes toujours stupéfaits de la résistance des cartons utilisés pour transporter des produits légers. Mais qui se soucie des emballages, tout concentré qu'on est sur la conception et la mise au point de ce qu'ils transportent ?

2.3 Poussez à la reconception

L'unité 12 de VTT a développé un système particulièrement ingénieux, dont il détient les brevets pour le
monde. Plusieurs composants du système, en acier, sont
achetés à l'extérieur. La crise de l'acier incite l'acheteur à
y regarder de plus près. Il prend des pièces, sollicite
d'autres fournisseurs de son panel et leur demande leur
avis. Les propositions sont nombreuses. Moyennant des
évolutions de conception, on pourrait gagner jusqu'à
35 % sur certains composants. On pourrait même suppri-
mer deux composants, en intégrant leurs fonctions dans
une seule pièce.

Que l'on conçoive un logiciel, une pièce, une matière, un système... on a toujours l'impression d'avoir écrit une page défi-
nitive de l'histoire. L'expérience montre qu'en effet on a
innové, mais qu'on n'a pas optimisé. C'est normal : l'optimisation ne relève pas des mêmes processus intellectuels que la
conception.

Il y a là des gisements considérables de productivité. On peut
toujours optimiser : les technologies évoluent, on a développé
d'autres conceptions, d'autres matières, etc. Comment identifier ces gisements ? Prenez simplement la liste des produits sur
lesquels l'entreprise n'a pas retravaillé depuis leur mise sur le
marché.

Les fournisseurs sont tout prêts à penser à des pistes d'économies pour vous, s'ils entrevoient de nouvelles parts de marché.
Vous ne payez rien dans la plupart des cas, ils peuvent même
vous fabriquer des outillages gratuitement. En plus, quelques
mois après un lancement, les ingénieurs (incontournables dans
ce processus) sont moins réticents à reprendre leur copie.

2.4 Pensez double référencement

> Dans certains secteurs, la pratique est d'acheter un composant donné à un seul fournisseur. Cela permet de globaliser les volumes et d'économiser des outillages. Ainsi, Hector Abais a-t-il plusieurs fournisseurs agréés pour chaque famille de composants, mais un seul pour un composant donné. Quand le fournisseur décide d'augmenter les prix ou (ce qui revient au même) quand il veut les baisser, comment peut-il faire « pression », alors que le fournisseur est en monopole ?

Il n'a pas le choix : il doit sortir du monopole et, pour cela, faire entrer un second fournisseur pour le même composant. Il perd le bénéfice des économies réalisées, puisqu'il faut développer un nouvel outillage, renoncer aux effets volumes et investir pour valider le nouveau composant ou la nouvelle matière.

Votre savoir-faire consiste justement à savoir où positionner le curseur : quel degré de monopole ? Quel partage des volumes ? Quant aux validations, le nouveau fournisseur va sans doute pouvoir vous aider : s'il a de bonnes assurances de vente, il pourra financer des outillages et prendre à sa charge la réalisation des tests.

Le double référencement vous donne une alternative possible au moment des négociations. Mais il passe par la mobilisation des autres fonctions de l'entreprise – qui vont devoir qualifier le nouveau composant ou la prestation.

2.5 Réduisez le « cost of ownership »

Les pièces, les matières, les systèmes et les prestations achetés induisent des coûts bien supérieurs à leur prix d'achat.

Lettre de Vauban à Louvois, ministre des Affaires étrangères de Louis XIV, le 17 juillet 1685

« Il y a quelques queues d'ouvrages des années dernières qui ne sont point finies et qui ne finiront point, et tout cela, Monseigneur, par la confusion que causent les fréquents rabais qui se font dans vos ouvrages, car il est certain que toutes ces ruptures de marchés, manquements de paroles et renouvellement d'adjudications ne servent qu'à vous attirer comme entrepreneurs tous les misérables qui ne savent où donner de la tête, les fripons et les ignorants, et à faire fuir tous ceux qui ont de quoi et qui sont capables de conduire une entreprise. Je dis de plus qu'elles retardent et renchérissent considérablement les ouvrages, qui n'en sont que plus mauvais, car ces rabais et bons marchés tant recherchés sont imaginaires, d'autant qu'il est d'un entrepreneur qui perd comme d'un homme qui se noie, qui se prend à tout ce qu'il peut ; or, se prendre à tout ce qu'on peut en matière d'entrepreneur, c'est ne pas payer les marchands chez qui il prend des matériaux, mal payer les ouvriers qu'il emploie, friponner ceux qu'il peut, n'avoir que les plus mauvais parce qu'ils se donnent à meilleur marché que les autres, n'employer que les plus méchants matériaux, chicaner sur toutes choses et toujours crier miséricorde contre celui-ci et celui-là.

« En voilà assez, Monseigneur, pour vous faire voir l'imperfection de cette conduite ; quittez-la donc et au nom de Dieu rétablissez la bonne foi : donnez le prix des ouvrages et ne refusez pas un honnête salaire à un entrepreneur qui s'acquittera de son devoir, ce sera toujours le meilleur marché que vous puissiez trouver. »

Certains secteurs d'activité fonctionnent d'ailleurs ainsi : coût d'acquisition du matériel quasi nul, mais factures de consommables (imprimantes d'ordinateurs) ou de consommation (téléphonie mobile) affolantes. On appelle ce coût global, celui d'acquisition mais aussi celui de l'usage et de la maintenance éventuelle, le « coût total de possession », ou *total cost of ownership* (TCO).

Dans les cas précédents, vous prenez spontanément en compte le TCO dans votre achat. D'autres cas sont beaucoup plus complexes. Ainsi l'installation de tel logiciel de gestion (même fort bien négocié) va paralyser le fonctionnement de l'entreprise pendant plusieurs mois. Le nouveau composant miracle, acheté fort loin pour 10 % de moins, ne peut s'assembler qu'à la main sur la ligne de fabrication. Les nouveaux photocopieurs généralisés dans toute l'entreprise sèment la panique. Le nouvel agent de voyages sélectionné par les achats manque tellement de réactivité qu'il désorganise les activités du siège. Un changement d'opérateur télécoms génère des pannes à répétition. Etc.

Il est difficile d'évaluer un TCO. De plus, votre indice de performance n'est pas calculé sur la réduction de TCO (cf. clé 6). Vous n'aurez donc pas spontanément le réflexe de le prendre en compte. Pourtant, l'intérêt de votre entreprise passe bien par la réduction de tous les coûts induits par l'achat.

Votre mission clairement aussi.

2.6 Traquez les productivités chez vos fournisseurs...

Si la performance de l'entreprise dépend tellement de celle de ses fournisseurs, il est normal qu'elle les aide à progresser.

Certains acheteurs référencent ainsi des cabinets de conseil en performance industrielle ou en qualité de service, qu'ils envoient chez leurs fournisseurs pour les aider à accroître leur productivité. Bon an, mal an, vous pouvez économiser 1 à

2 % grâce aux actions que vous incitez vos fournisseurs à mener… puisque, en repérant ces pistes de productivité, vous gagnez des arguments de négociation, comme on l'a vu au chapitre précédent.

2.7… et toutes les autres !

Le nombre de pistes de productivités est considérable. Ainsi la logistique amont (la livraison des fournitures achetées) est souvent oubliée. Une logistique amont optimisée peut réduire la facture des fournitures achetées de 1 à 2 %. Quasiment la moitié des (bonnes) négociations ! On les identifie simplement en s'intéressant, en questionnant, en réfléchissant ensemble.

Pierrick Sanne,
responsable du pôle client PSA-Mercosur chez Gefco

La logistique, source de productivité

L'acheteur est là pour aiguillonner les choix techniques, il est là aussi pour aiguillonner la logistique sur la manière de fonctionner, pour l'aider à remettre ses pratiques en cause, pour sélectionner les prestataires de transport ou de stockage. Le binôme acheteur – logisticien, comme le binôme acheteur – concepteur est toujours payant. L'approvisionneur aura tendance, par exemple, à se faire livrer chaque jour pour gérer ses stocks et ses fins de série au plus juste, tandis que l'acheteur préférera se faire livrer en camions complets une fois par semaine, pour accroître les économies. Qui a raison ? Personne : simplement, ni l'acheteur ni l'approvisionneur ne peut faire l'optimisation seul. Il s'agit d'analyser en profondeur la chaîne totale, depuis le bord de ligne du fournisseur jusqu'au bord de ligne de l'usine, d'analyser les flux de marchandises et le flux d'informations, et d'identifier où sont les gains possibles.

Qui d'autre que l'acheteur peut aider la logistique à se remettre en cause ? Depuis des années, on privilégie le transport en juste à temps à la constitution de stocks. On préfère même acheter les biens matériels de plus en plus loin. Mais cette politique a été élaborée dans un contexte de pétrole bon marché et d'argent cher, où les taux d'intérêts financiers étaient de l'ordre de 10 %.

La réflexion logistique et achats pour déterminer le véritable optimum est encore balbutiante. En calculant le coût réel du transport routier (surtout si l'on y intègre les effets de la pollution, du trafic et des accidents associés), on arriverait sans doute à d'autres arbitrages. Les générations futures diront qu'on a été fou de suivre une mode sans discernement pendant tant d'années !

La qualité première de l'acheteur est justement là : l'ouverture à l'autre et l'écoute, la capacité à se remettre en cause sans se sentir déconsidéré, et de remettre l'autre en cause sans le juger. Cela vaut d'ailleurs pour l'acheteur comme pour bien d'autres !

3. Vos leviers : plus tôt, plus fort, plus ensemble

3.1 Toujours plus tôt

Plus tôt les achats sont intégrés, et plus les espérances de gains sont élevées. Le schéma suivant reprend des horizons de temps typiques : plus vous intervenez en amont dans le processus qui va conduire à un acte d'achat, et plus vous pouvez aider à en optimiser le coût. Jusqu'à une intervention directe dans les projets en développement, à gauche du schéma, comme nous le verrons dans la clé 4.

Jean-Philippe Collin,
directeur des achats du groupe PSA

Les achats, variable d'ajustement ?

Les achats constituent une variable majeure au centre du dispositif. Quand vous représentez 70 % du chiffre d'affaires, vous détenez un levier hypersensible, tellement important que vous êtes forcément présent dans tous les plans de redressement ou d'amélioration des résultats opérationnels ou de qualité.

Les achats ne constituent pas la variable d'ajustement de « midi moins le quart » (c'est-à-dire : « L'entreprise est en retard sur ses objectifs, regardons aux achats ce que nous pouvons faire »), comme on peut encore les considérer ici ou là. Si en effet vous venez à midi moins le quart, attendez-vous à ce que les achats soient une variable de « petit » ajustement !

Vous n'êtes évidemment pas maître de l'invitation que les prescripteurs vous font ou pas, dans les réunions de définition des besoins qu'ils animent. Tout est question de confiance. Si vous vous êtes correctement « connecté » (clé 1), si vous savez vous tenir, intervenir par des questions ouvertes plutôt que par des affirmations longues, vous serez accepté. Puis ils seront obligés de reconnaître votre professionnalisme et votre valeur ajoutée. Et vous remonterez la courbe vers la gauche… avec des projets de plus en plus intéressants pour vous !

Figure 3 – Plus tôt, plus de gains

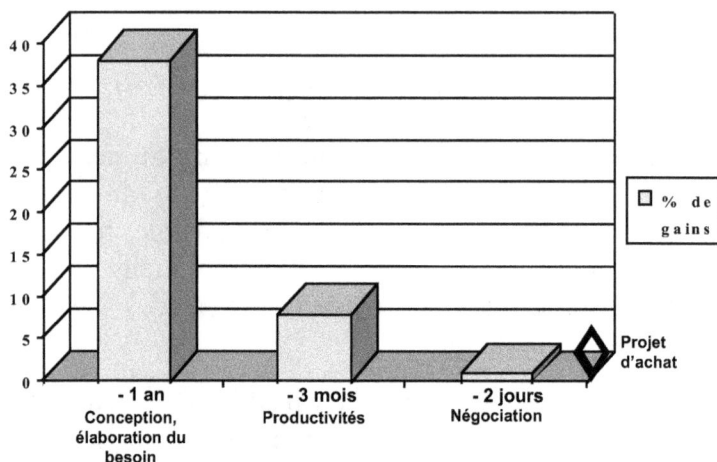

3.2 Mettez tout le monde sur le pont pour identifier et traiter les pistes de productivité

Deux questions se posent à vous : comment faire émerger les pistes de productivité, et comment conduire l'entreprise à les réaliser ? La standardisation, le changement de spécifications, la reconception passent par les études, l'ingénierie, les méthodes, la production, le système d'information. Les alternatives ou le double référencement, par des validations qualité. Dans tous les cas, les gains exigent des investissements en ressources ou en équipement, donc le contrôle de gestion. Comment les mobiliser tous ? Comment les sortir de leurs activités quotidiennes, de leurs priorités, et les inciter à travailler à votre mission « naturelle » : la réduction des coûts ?

Simplement, en mettant l'ensemble des directions autour de la table systématiquement, avec pour mission de trouver des pistes de réductions de coûts, d'engager les actions les plus prometteuses, et d'en piloter l'avancement jusqu'à réalisation des gains.

© Groupe Eyrolles

Figure 4 – Productivités : tout le monde sur le pont

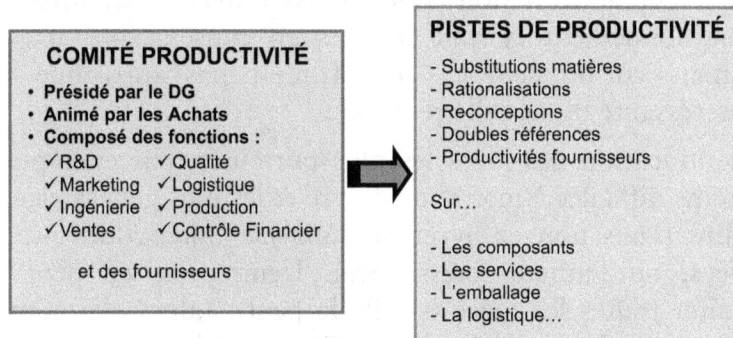

COMITÉ PRODUCTIVITÉ	PISTES DE PRODUCTIVITÉ

• **Présidé par le DG**
• **Animé par les Achats**
• **Composé des fonctions :**
   ✓R&D   ✓Qualité
   ✓Marketing ✓Logistique
   ✓Ingénierie ✓Production
   ✓Ventes   ✓Contrôle Financier
 	
     et des fournisseurs
	- Substitutions matières
	- Rationalisations
	- Reconceptions
	- Doubles références
	- Productivités fournisseurs
	
	Sur...
	
	- Les composants
	- Les services
	- L'emballage
	- La logistique...

Cela peut se faire, concrètement, dans un comité de productivité présidé par le directeur général et réunissant l'ensemble des directeurs impliqués. Dans l'industrie, les études, pour réfléchir aux reconceptions ; le marketing, pour repenser les produits, les fonctions, les modes de communication ; la qualité, pour mettre en œuvre les plans de validation nécessaires ; la fabrication, pour les intégrer. Dans les services, le marketing à nouveau ; les systèmes d'information, pour repenser son architecture, ses procédures, la valeur ajoutée générée pour les utilisateurs (on ne questionne jamais assez la valeur d'usage des systèmes d'information) ; la communication.

Vous devez encore ajouter deux acteurs majeurs : le contrôleur de gestion, qui aiguillonnera le comité pour le pousser aux remises en cause et à l'avancement des projets. Vous aurez bien besoin de ce « gardien du trésor », pour rappeler « qu'un sou est un sou ». Et les fournisseurs majeurs. Vous les inviterez régulièrement à venir proposer leurs idées. Cette confrontation est riche pour chacun, puisque le fournisseur peut confronter son idée à l'ensemble des directions de l'entreprise, et non pas au seul acheteur, souvent impuissant à faire avancer la machine.

Vous assurerez l'animation de la réunion en trois temps, comme toute animation de portefeuille d'idées ou de projets :

❖ analyse du portefeuille global, nombre des idées, équilibre entre les contributions. Les idées peuvent manquer, le directeur général doit alors pousser à la roue, forcer au questionnement et aux remises en cause. Nous n'avons jamais vu un seul cas où il n'est pas sorti une idée intéressante d'une telle réunion ;

❖ identification des idées les plus porteuses, par exemple les moins difficiles à mettre en œuvre et les plus génératrices de gains (vous pouvez livrer une analyse enjeux/difficulté des idées, ou l'animer en séance). L'entreprise ne peut pas traiter toutes les idées (si elle le peut... alors elle manque d'idées !). Le comité décide d'engager les idées les plus prometteuses. Il nomme les responsables d'actions et les contributeurs de chaque direction et définit un délai, avec un calendrier de présentation en comité ;

❖ pilotage des projets déjà engagés. Les responsables d'actions viennent régulièrement rendre compte de l'avancement de leurs travaux au comité. De manière synthétique : point planning, point coûts, et points durs à lever.

Figure 5 – Piloter le portefeuille de productivités

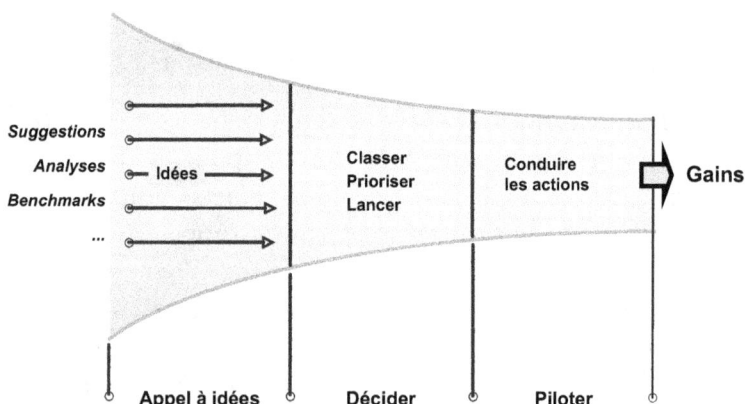

Souvent, l'entreprise ne s'est pas dotée d'un tel comité productivité. Comment l'instituer ? Vous ne pouvez pas en décider seul. Vous devez convaincre le directeur général, sans doute en passant par le directeur financier. Il vous suffit généralement de leur dire que les productivités représentent un potentiel d'économie deux fois supérieur à celui des négociations pour les convaincre. D'autant que, on l'a vu, les productivités sont la seule source d'économies d'achat en période de hausse des prix matières.

Vous devez aussi vous trouver des alliés. Vos collègues d'autres fonctions vous donneront des idées de productivités jamais abouties faute d'organisation et de décision. Ces idées sont autant de frustrations. À vous de les mettre en scène pour entraîner les énergies !

3.3 Un travail sur votre posture personnelle

Olivier Gourmelon,
directeur des achats de Siemens France

Réfléchir sur les processus – du besoin à la satisfaction du client

Les acheteurs sont des femmes et des hommes de processus. La plupart viennent aux achats parce qu'ils souhaitent être dans un domaine généraliste, et en même temps parce qu'ils ont besoin de la sérénité de chantiers précis, selon des processus cadrés.

La plupart aiment la justice et l'équité, les combats à la loyale. Nous avons envie de nous penser acteurs de l'éthique, et en même temps pourvoyeurs de performance durable à moindre coût, puisque nous sommes en prise directe avec le compte de résultats.

Le groupe Siemens est implanté dans 190 pays. Ses achats représentent près de 40 milliards d'euros annuels. En France, nous avons une trentaine de sociétés. Au niveau corporate France, ma mission est d'animer les achats dans toutes ces sociétés dont l'activité peut s'étendre de la R & D jusqu'à la vente et la production. Il s'agit de faire fonctionner les réseaux d'acheteurs à tous niveaux (pays, sud-ouest Europe, voire mondial) pour identifier et généraliser les meilleures pratiques et, bien sûr, atteindre les résultats attendus. Nous travaillons sur la simplification et l'allégement des processus, sur nos méthodes et sur la circulation des informations, afin que toutes les sélections fournisseurs aboutissent à renforcer innovation et compétitivité du groupe au profit de ses clients ; comment l'acheteur doit s'impliquer auprès des techniciens ou des chefs de projet ; comment il doit intégrer les objectifs commerciaux et les choix technologiques ; comment il fait évoluer les cahiers des charges, de quelle marge de manœuvre il dispose pour les remettre en cause. L'acheteur doit « accompagner » le technicien ou le chef de projet chez le client, au sens où les produits complémentaires ou sous-traitants éventuels choisis par l'intermédiaire de la fonction achat dans les pays doivent aussi apporter des solutions innovantes et compétitives pour mettre en place ou maintenir nos équipements chez le client final.

Ce sont des pratiques, des savoir-faire, des savoir être, et ils conditionnent finalement notre performance.

60 à 70 % de votre réussite d'acheteur passent par une posture de négociation interne, qui n'a pas grand-chose à voir avec celle du négociateur entêté traditionnel.

Les meilleurs acheteurs ont une caractéristique commune : ils passent beaucoup de temps avec leurs collègues d'autres fonctions. À écouter leurs besoins, à développer une véritable relation de confiance, à « faire poti pota », comme dit un directeur achats affectueusement.

Françoise Odolant,
directeur des achats et des moyens généraux du groupe
des Caisses d'Épargne

Un métier de changement et de relation

Les achats n'ont pas de pouvoir hiérarchique. Ils ont un positionnement de transversalité et d'animation. Si vous ne vous posez pas la question de votre registre d'animation, de la manière dont vous allez apporter votre valeur ajoutée, de votre façon de compléter les actions « spontanées » des directions prescriptrices vis-à-vis des fournisseurs, vous aurez forcément du mal à expliciter vos attentes vis-à-vis d'eux.

Je suis très dépendante, moi, manager, de la capacité relationnelle d'un acheteur. Je peux le former à une technique de négociation, de marketing achat ou de juridique, mais je ne peux pas être derrière lui pour savoir quel mot il va dire à tel fournisseur, ou pour accueillir une direction prescriptrice.

Écouter les collègues des études, du marketing, des ventes, de la production, du système d'informations présente un autre avantage : celui d'identifier précisément les « fenêtres de tir ». Un changement de fournisseur, un projet de standardisation ou de reconception pose toujours un problème aux exploitants. Ils l'accepteront d'autant mieux qu'ils y trouveront une opportunité. Seuls les aléas de leur quotidien vous indiquent le moment propice.

Un autre mot pour désigner la négociation interne est « management » ; management d'influence, capacité de mise en mouvement des autres et de conviction dans le but d'obtenir des résultats avec des moyens qu'on n'a pas. Voilà pourquoi les achats constituent une école de management unique dans l'entreprise.

Yves Rousteau,
directeur des achats de CGG

Entraîner l'interne

Par essence, l'entreprise est autiste. Personne à l'extérieur ne fait mieux qu'elle. Regardez la manière dont elle exprime un besoin. Dès qu'un expert ou un groupe de travail fait un cahier des charges, il va vers les solutions qu'il maîtrise et connaît. Mais que peut connaître un autiste de l'extérieur ?

Le prescripteur, celui qui veut acheter un produit ou un service, est comme un sauvage sur une île déserte. La première fois qu'il voit une bêche, il la trouve fantastique. Il s'engouffre dans la solution « bêche ». Il ne connaît pas la solution « motoculteur », ni la solution « tracteur ». L'acheteur est là pour ouvrir le champ des possibles. Lui dire qu'en fonction de ses besoins (s'il les exprime correctement), on pourra trouver d'autres solutions.

Mais il n'est jamais agréable de se faire remettre en cause ses idées, et l'acheteur n'est pas toujours aimé. Il porte la contradiction, il challenge les idées, les convictions, les pratiques, voire les ego – alors qu'il n'est qu'au mieux invité dans l'élaboration d'un besoin. Il n'est chef de rien, responsable en rien du projet ou du besoin. Il n'a pas le droit d'être autre chose qu'une ressource, en tout cas pas une contrainte. Cela induit des postures très spécifiques. Il doit convaincre et faire adhérer.

Pour réussir en interne, l'acheteur est forcément ouvert, à l'écoute pour capter, comprendre les vrais besoins, dialoguer, entraîner. Et ne pas oublier ensuite de demander si et comment les besoins du prescripteur sont satisfaits.

Son plus gros travail se situe réellement en interne. S'il passe 30 % de son temps à négocier avec le fournisseur, il en passe au moins 70 % en interne. De toute façon, les vrais risques sont en interne. Les risques de dérive chez le fournisseur sont beaucoup plus faibles, puisqu'il est tendu vers la satisfaction de son client.

Clé 4

Acheteur projet : intégrez les fournisseurs dans les projets

1. L'enjeu : orienter les conceptions vers les solutions les plus adaptées

Réaliser des économies

À la fin des années 1980, Renault va mal. Le constructeur prépare son futur modèle de milieu de gamme, la R19. Les acheteurs font coter les différents composants. Ils demandent « des prix tendus ». « 320 francs », propose un équipementier pour un système de refroidissement. « Non, réplique Renault : pas plus de 250 francs ». Du jamais vu. De l'impossible. En même temps, on ne peut pas rater le marché du milieu de gamme de Renault. Une cellule de crise est créée chez l'équipementier, avec le contrôle de gestion, les études, l'industrialisation, la production, la qualité, les achats. Ils décident de réutiliser des moules de modèles anciens. Ils imaginent de nouveaux concepts, simplifient les formes. Ils atteignent l'objectif. La R19 est sans doute le véhicule qui a coûté le moins d'investissement au constructeur.

L'histoire ne s'arrête pas là. La R19 est un immense succès. En Allemagne, elle devient le n° 1 des véhicules importés, une première pour Renault. La raison est simple : la qualité du véhicule est excellente, peu de pannes, une grande fiabilité. En réduisant les coûts, on a éliminé aussi toutes les sources potentielles de non-qualité. Les outillages, les composants réutilisés étaient déjà testés. Coût bas peut rimer avec qualité élevée.

Ne pas se laisser enfermer

L'ingénieur commercial d'un fournisseur de produits chimiques passe au centre de recherches de VTT. Il donne des échantillons à un chercheur. « Je vous les offre, essayez-les ! » Le chercheur teste, intègre l'un des échantillons dans une formule chimique prometteuse qu'il est en train de développer. Quelques mois plus tard, une usine pilote est construite pour fabriquer le produit qu'il a créé, puis une installation industrielle. L'acheteur découvre une demande d'achat de l'échantillon en grande quantité. Il est hors de prix, il va absorber la moitié de la marge du nouveau produit. Bien entendu il n'y a qu'un seul fournisseur de cette poudre. Combien de temps, de tests, de validations faudra-t-il pour introduire un nouveau fournisseur ? Le vendeur savait ce qu'il faisait en donnant ses échantillons...

Une fois encore, vous n'êtes pas là seulement pour baisser les prix. Vous êtes là pour maîtriser et sécuriser la relation avec les fournisseurs. Depuis cette aventure, VTT a mis en place deux acheteurs dans son centre de recherche. Ils ne négocient pas, ils aident les chercheurs à exprimer leurs besoins sans s'enfermer dans leur relation avec les fournisseurs.

Ils ont un mot d'ordre simple, qu'ils répètent régulièrement aux chercheurs : « Ne dites pas "c'est fait de", mais "c'est fait pour" ! » De temps en temps, dans les réunions de projet, ils demandent : « Et c'est fait *pour* quoi ? », et tout le monde éclate de rire.

Éviter des remises en cause tardives

Turin, préparation des jeux Olympiques. Les plans de la patinoire sont conçus, on a prévu des rangées de sièges en acier chromé. La vente des billets commence. Quelques mois avant les Jeux, au moment d'acheter les travées de fauteuils, on découvre qu'elles comptent 5 sièges chacune, et non 4 comme on le pensait. Il faut changer les plans, renuméroter les billets, modifier le système informatique. L'acheteur n'était pas dans l'équipe de conception.

Les achats représentent une proportion importante de toute production. La conception de ce qu'on achète doit donc être faite en parallèle et en cohérence avec la conception d'ensemble. L'expertise des fournisseurs doit être intégrée dès le démarrage des projets.

Éviter l'erreur qui tue

Une banque accorde un crédit important au patron d'une entreprise agricole. Il veut démarrer un cheptel de vaches laitières, son business plan paraît cohérent. Quelques mois plus tard, le client est en contentieux, il ne rembourse rien. Il pensait acheter des vaches, il s'est retrouvé avec deux cents bœufs. L'entreprise est ruinée.

Quand on démarre un projet, on pense exploitation, production, vente, financement ; mais rarement « achat ». Trop bête !

Laurent Jehanin,
directeur des achats du groupe Safran

L'acheteur projet

L'acheteur projet a pour mission d'être « l'ambassadeur du projet auprès des achats, et l'ambassadeur des achats au sein du projet ». Il faut éviter deux extrêmes : celui où le plateau projet développe, choisit ses partenaires et demande aux achats d'acheter – alors qu'il n'a pris aucune solution standard, qu'il a fixé les prix et que certains composants sont infaisables. Et l'autre extrême, où les achats imposent tout, au point que les concepteurs viennent vous voir en traitant l'acheteur de « petit roquet qui vient nous mordre les mollets en ne parlant que de coûts », alors que la priorité du plateau était d'être choisi comme client par le fournisseur porteur d'une innovation majeure.

L'acheteur projet doit être positionné au bon niveau, c'est-à-dire dès le choix des partenaires avec lesquels nous allons partager les risques. Il s'agit bien d'ailleurs d'une négociation de partenariat, plutôt qu'une négociation d'achat. L'acheteur projet peut en effet devoir négocier un *risk and revenue sharing agreement* (contrat de partage des risques et bénéfices), dérouler un business plan sur un an ou plus, rédiger les clauses contractuelles... Dans nos métiers, les relations de ce type sont extrêmement complexes, puisqu'il s'agit de négocier avec les clients directs, les avionneurs, des clients finaux, compagnies aériennes, d'autres motoristes partenaires, mais aussi concurrents et des fournisseurs qui peuvent être très puissants. Dans tout ce processus, l'acheteur reste le point focal de la relation fournisseur, qu'il orchestre. Même si les montants en jeu, les implications, les rapports de force font que les discussions se terminent entre présidents.

Les fournisseurs savent faire rêver les ingénieurs. Ils sont présents à la recherche et au développement, ils investissent beaucoup en amont. Il ne faut pas imaginer qu'ils laissent leurs clients ouvrir les panels ensuite... c'est au démarrage que tout se joue. Si l'acheteur n'a pas maîtrisé la relation, l'entreprise ne maîtrisera pas son fournisseur, ni son achat.

2. *La méthode : animez la conception à coûts objectifs*

2.1 Acheteur projet, acheteur famille

Les achats ont un rôle majeur à jouer dans les phases amont, surtout quand il s'agit de faire développer une pièce ou un service à un fournisseur. Dans ces phases, il est encore possible de gommer un trait de crayon et diviser un coût par 2 ou 3. Comme le montre la courbe ci-dessous, le potentiel de gains décroît très vite, à mesure que des orientations sont prises, que des concepts se figent, que des spécifications se rédigent. Lorsque le « produit » est figé, les seules baisses de coût, beaucoup plus limitées, s'obtiennent par la négociation et les productivités (cf. clés 2 et 3).

**Figure 6 – L'acheteur projet oriente les conceptions
pour minimiser les coûts liés aux achats**

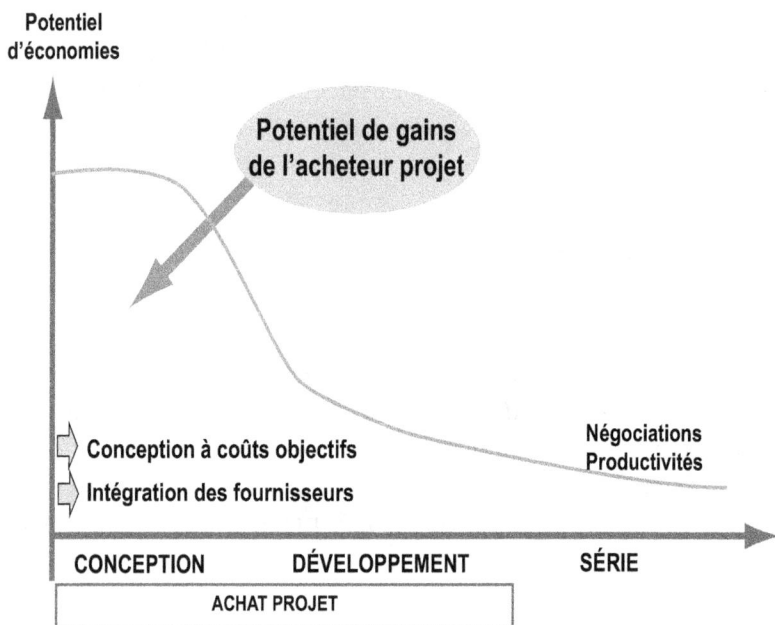

Nous voici donc, en démarrant cette quatrième clé, avec deux métiers d'acheteur de portées différentes : un métier de négociation, de repérage et de pilotage des productivités, de relation fournisseurs ; c'est le métier de l'acheteur « famille » ; il optimise les coûts du présent. Puis un métier de conception ; c'est le métier d'acheteur « projet » ; il optimise les coûts pour l'avenir.

Dans certaines entreprises, les mêmes personnes jouent les deux rôles. Dans d'autres, les acheteurs projets diffèrent des acheteurs famille. Dans tous les cas, nous verrons dans la troisième partie de ce chapitre que les deux métiers doivent travailler ensemble, mais qu'ils sont bien distincts.

Christine Bénard,
directeur général de l'activité systèmes thermiques Europe
Sud et Ouest de Valeo

La nécessité – et la difficulté – de travailler en amont

L'acheteur doit comprendre que l'amont, les projets, constituent une priorité pour l'entreprise. Et qu'il doit y contribuer. Dans nos métiers, la plus grosse part de ce qu'il faut faire aux achats se fait à la conception. Après la conception, on peut toujours gagner de la productivité en dépensant beaucoup d'énergie et en prenant des risques qualité : mais si on n'a pas sécurisé la marge dès la conception, on aura beaucoup de mal à remonter la pente.

Quand vous travaillez pour des grands donneurs d'ordres, surtout dans un environnement hyperconcurrentiel comme celui de l'automobile, vous travaillez 12 à 18 mois avec eux avant même qu'ils attribuent le marché. Donc, dès cette phase de conception, vous devez avoir intégré vos propres fournisseurs, pour atteindre les prix objectifs que vous fixent vos clients, ou assumer la guerre des prix et remporter le marché.

Sans des achats projets puissants, vous n'avez que deux alternatives, pour un résultat identique :
• soit vous renoncez à des affaires importantes parce que non rentables – et vous videz peu à peu vos usines de leur activité ;
• soit vous acceptez de vendre à perte, donc de courir à la faillite.

Les achats projets constituent ainsi un véritable (et indispensable) levier de compétitivité.

Mais la révolution des achats projets (car c'en est une) n'est pas facile. D'abord, parce que la compétitivité qu'ils préparent n'est réalisée qu'à la fin du projet, soit 3, 4, voire 5 ans après votre investissement. Rares sont les directeurs généraux qui voient démarrer en série des projets sur lesquels ils se sont battus et qu'ils ont gagnés. Alors que des ressources identiques investies dans les achats famille leur permettent de sauver leurs résultats du trimestre. La valeur ajoutée du directeur achats est justement de trouver l'équilibre entre les achats famille (qui font remonter progressivement la marge des projets en difficulté quand ils arrivent en série) et les achats projets (qui sécurisent les marges à venir).

Ensuite, vous avez un problème de ressources. Vous avez besoin d'acheteurs projets véritablement seniors, à la fois techniques et orientés « commerce ». Des « oiseaux rares », multicompétents, au charisme fort, capables d'intégrer des fournisseurs, d'orienter des conceptions, de pousser les autres fonctions vers des ruptures. Les acheteurs projets sont avant tout des chefs de projets achats. Il peut être intéressant d'y mettre des non-acheteurs souhaitant acquérir une dimension transversale – mais vous ne pouvez pas y mettre des débutants.

Enfin, vous devez animer en permanence un travail de fond sur les conceptions des produits en transverse entre bureau d'études et achats, chacun ayant ses propres objectifs et ses priorités quotidiennes ; définir des plans de développement technologiques, et travailler à 5 ou 10 ans avec vos fournisseurs ; mettre en place des contrats de développement pour garantir les bons équilibres, très en amont des volumes d'affaires réels ; et inciter toutes les équipes à travailler à coûts objectifs, à faire de l'analyse de la valeur permanente, à remettre en cause les conceptions. En plus du quotidien.

2.2 Incitez à concevoir à prix objectif en interne

Au lieu de considérer que le prix de vente est égal au prix de revient + le bénéfice (PV = PR + B), on considère que le prix de revient doit être égal au prix de vente – le bénéfice (PR = PV – B). Mathématiquement, c'est la même équation. Mais dans l'esprit, cela change tout. Au lieu de vendre en fonction du prix de revient, on va concevoir en fonction de ce que pourra être le prix de vente. Quel prix de vente ? Simplement, le prix du marché. L'entreprise conçoit son produit ou sa prestation en fonction de ce que le marché va l'acheter : elle en donne au marché « pour son argent ».

Le cas du module de refroidissement de la R19 évoqué plus haut indique les ressorts d'une conception à prix objectif : une équipe pluridisciplinaire représentant toutes les fonctions génératrices de coûts, et un animateur (généralement le chef de projet), capable de tirer l'équipe vers une synthèse coût-prestation. Vous apportez votre connaissance du marché fournisseurs, des technologies et de leurs prix, pour orienter l'équipe vers les conceptions qui minimisent les prix d'achat.

La conception à prix objectif a un autre intérêt : à l'inverse des productivités, elle induit une dynamique. La réduction des prix « sèche » est souvent mortifère. Quand votre patron vous dit : « Il faut réduire le prix de 20 % », vous prenez un coup sur la tête, parce que vous avez tellement travaillé déjà pour que le produit existe. À l'inverse, s'il vous dit : « Vous devez me concevoir la même chose pour 20 % de moins », cela change tout. Vous allez réfléchir, chercher des astuces. La conception à prix objectif est dynamisante.

2.3 Responsabilisez les fournisseurs

La logique du fournisseur qui doit développer une prestation ou une pièce est simple : il produit selon votre cahier des charges et si vous le modifiez, il vous présente un avenant (comprenez : une augmentation de prix). Elle est schématisée dans la première figure : le prix, que vous aviez diminué par une négociation sévère dans les phases de devis, se met à dériver dès que commence le développement. Le fournisseur est choisi, il n'a plus besoin de faire d'efforts.

Nous ne pouvons plus travailler de la sorte, et il faut le hurler aux fournisseurs de nos pays : s'ils ne sont que des sous-traitants, ils finiront en Chine, en Inde ou en faillite. Un fournisseur occidental, aujourd'hui, est d'abord une expertise, une capacité de service rapproché et une force de proposition et d'innovation, avant d'être un exécutant. Votre rôle d'acheteur est précisément de l'aider à se développer dans cette direction en le responsabilisant.

Figure 7 – Une logique d'avenants lorsque le fournisseur n'est pas responsabilisé sur les non-dérives

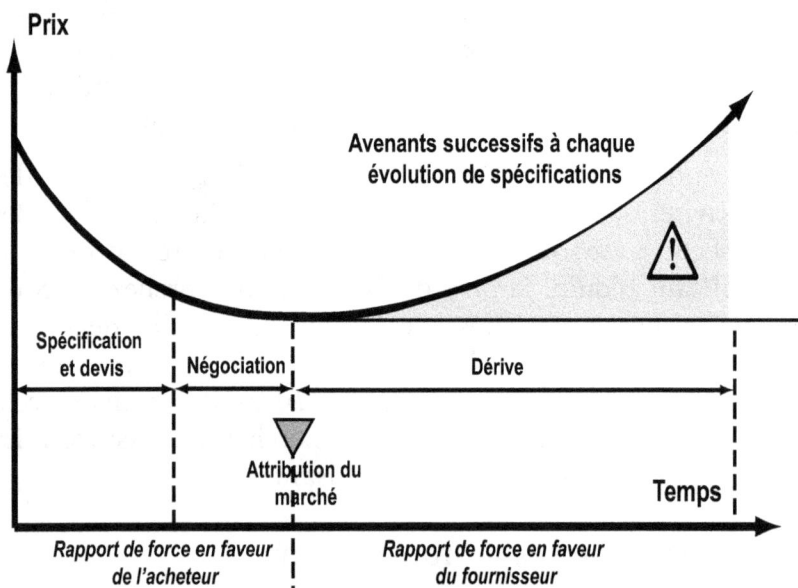

Sur la deuxième figure, vous demandez au fournisseur de travailler avec l'équipe projet de votre entreprise pour l'orienter vers son prix objectif. Et vous fixez avec lui la règle du jeu. Par exemple (le cas ici), il est certain de gagner l'affaire s'il atteint son prix objectif (*a contrario* vous vous laissez le droit de reconsulter s'il ne l'atteint pas). S'il s'agit d'achats récurrents (par exemple un composant qu'il vous a aidé à développer), alors vous pouvez décider avec lui de reconsulter après 6, 12 ou 18 mois, quand il aura tiré les fruits de son investissement.

Figure 8 – Une logique d'attribution liée à l'atteinte du prix objectif

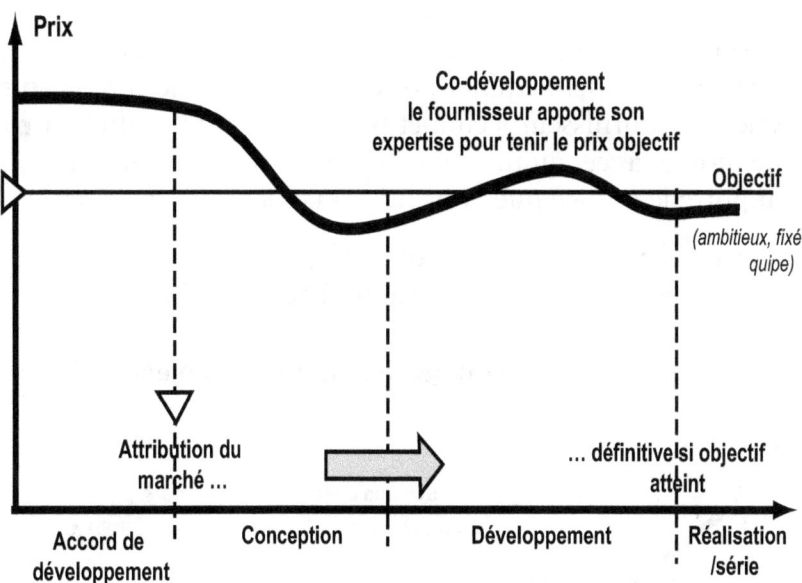

Le fournisseur partage les risques avec vous. Il sera rentable si vous l'êtes… et réciproquement. C'est, après tout, la définition même d'une filière économique. Et vous l'incitez à activer sa force de proposition, ce qui est bien le but.

Cette deuxième pratique – encore peu utilisée malheureusement – s'avère extrêmement puissante. Mais elle impose deux règles à observer strictement :

❖ se tenir à la parole donnée. Si le fournisseur a atteint le prix objectif que vous lui avez fixé, il est hors de question de reconsulter. Alors qu'immanquablement vous obtiendriez moins cher d'un autre fournisseur sur la nouvelle conception. Mais voilà : votre fournisseur a investi pour vous amener là où vous vouliez aller. Il est normal qu'il en tire profit. Vous subirez sans doute des pressions fortes de votre patron, toujours en quête d'économies. Il faut résister. Sinon vous condamnez la relation que vous avez avec le fournisseur, et vous perdez l'expertise dont vous avez besoin ;

❖ définir un prix objectif assez ambitieux pour que personne ensuite ne vienne dire « c'était facile ». Les autres fonctions impliquées dans l'équipe projet ont tôt fait de dire ensuite que « le fournisseur s'en met plein les poches ». Il n'y a pas de honte à ce qu'un fournisseur gagne sa vie, s'il vous apporte le service que vous lui demandez.

Il faut savoir ce qu'on veut : un prix plus bas, ou un prix qui tienne l'objectif ? La figure suivante schématise l'équation :

Figure 9 – Un prix négocié, ou un prix objectif ?

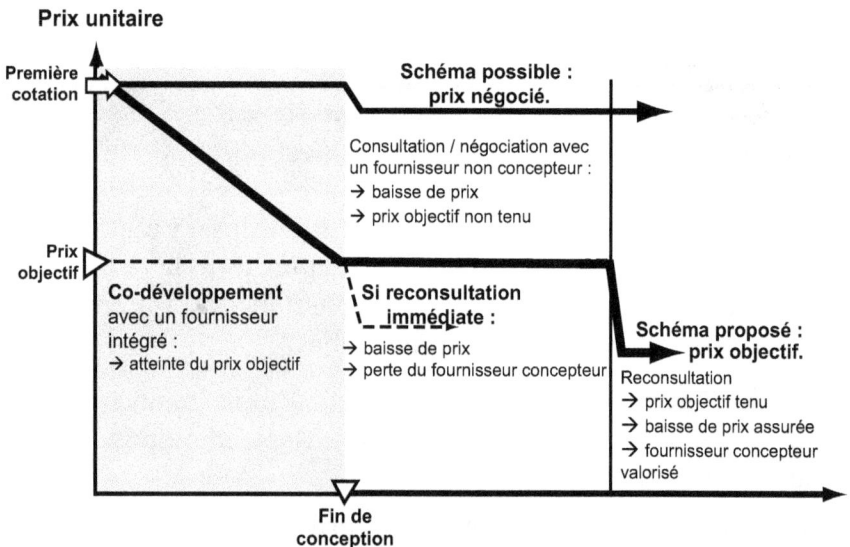

2.4 Mesurez les résultats

Les baisses de prix obtenues par un acheteur « famille » sont mesurées et comptabilisées dans l'entreprise (cf. clé 6). Il est normal que les efforts de l'acheteur projet soient également reconnus par un indicateur de performance.

L'indice de performance achats projets (IPAP) représente le taux d'atteinte du prix objectif en fin de conception. Votre but d'acheteur projet est de diminuer au maximum l'écart de temps entre la fin de conception et l'atteinte du prix objectif. Dans certains cas, cet écart est infini, parce qu'on n'a jamais réussi à atteindre le prix objectif. La marge de l'entreprise est alors pénalisée. En général, le management appelle l'acheteur famille à la rescousse pour négocier avec les fournisseurs. Fournisseurs et acheteurs famille doivent alors rattraper les difficultés qu'a eues le projet à concevoir un produit au bon coût...

Figure 10 – Mesure des gains de l'achat projet

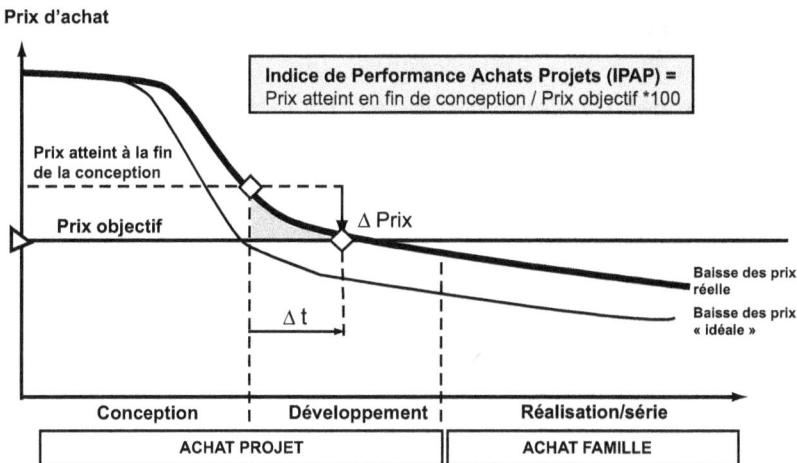

3. *Vos leviers : soyez le chef du projet achats*

3.1 Faites partie de l'équipe projet

Vous ne pouvez pas le décréter, mais c'est essentiel. Dans certaines entreprises, le fonctionnement des projets est institutionnalisé. Les projets d'applicatifs logiciels dans la banque ou l'assurance, par exemple ; des projets de développement d'un nouveau service dans les télécommunications ; les projets d'implantations nouvelles, ou de construction de bâtiments ; de développement de nouveaux produits dans l'agroalimentaire, l'aéronautique ou l'automobile ; etc. Dans ce cas où le mode de fonctionnement prévoit votre présence dans l'équipe projet dès le démarrage, vous n'avez pas à vous battre.

3.2 Votre posture d'acheteur projet

L'acheteur projet n'est pas un acheteur famille.

> Henri Aullais a été recruté comme jeune acheteur projet par VTT. Il a très bien compris son rôle : il écoute les besoins des concepteurs, les aide à faire des cahiers des charges et il consulte les fournisseurs. Puis il négocie âprement avec eux, pour atteindre si possible les prix objectifs. C'est simple !
>
> Pendant ce temps, Henri Alleau, l'acheteur famille, n'en peut plus. Il ne négocie plus rien, ses fournisseurs lui disent qu'ils ont déjà tout donné en phase projet. Entre les deux Henri rien ne va plus. Pour finir, il ne tient même plus ses objectifs d'économie. Mais qu'y faire, H. A. et H. A. sont tous les deux de bons acheteurs !

De telles situations sont… fréquentes.

En réalité votre posture d'acheteur projet n'est pas celle d'un acheteur famille. Non, vous ne négociez pas. Votre mission est double :

❖ orienter les conceptions vers les solutions les moins coûteuses ;

❖ intégrer les fournisseurs majeurs dans l'équipe de développement.

Vous êtes bien plus un chef de projet qu'un acheteur. Vous devez en effet animer et coordonner :

❖ les acheteurs familles. Ils doivent vous dire quels fournisseurs intégrer en fonction de leur panel et de leur stratégie d'achat (voir clé 5) ; ils vont en profiter pour renégocier leurs contrats actuels grâce aux nouvelles opportunités offertes au fournisseur intégré. Vous devrez border avec eux les contrats de développement, les questions de propriété intellectuelle et de confidentialité. En général, ils ont beaucoup à faire par ailleurs, et vous allez devoir vous impliquer pour que vos sujets avancent ;

❖ les fournisseurs, pour leur faire exprimer leur valeur ajoutée. Le fournisseur préférerait augmenter ses prix plutôt que de suggérer des conceptions moins chères, et vous êtes là, justement, pour éviter les dérives. Vous repérez toute contrainte qui va faire que « ce sera plus cher », vous questionnez, vous challengez. En même temps, vous veillez continuellement à ce que le fournisseur soit vraiment intégré par l'équipe projet. Cette intégration n'est pas spontanée, les concepteurs de la R & D ou du système d'information ont toujours l'impression que le fournisseur vient leur « donner des leçons » !

❖ l'équipe projet, qu'il s'agit d'amener vers des conceptions optimisées, cohérentes avec le coût objectif. Vous pouvez d'ailleurs animer la démarche de conception à coût objectif vous-même, en appui du chef de projet. Votre rôle ici est de questionner, de « challenger » les options prises, d'apporter la connaissance du marché fournisseur, des technologies disponibles sur le marché et des prix associés. Ne vous étonnez pas : les concepteurs ont rarement une appréciation réelle des prix. Combien de fois les entend-on s'exclamer (parfois face au fournisseur ; bon courage !) : « Je veux ce truc à tout prix ! », ou : « De toute façon nous n'avons pas le choix... », voire : « Un bon produit n'a pas de prix »... Il faut les aimer très fort, et puis leur ramener les pieds sur terre. Dans l'équipe projet, chacun a sa part : le réalisateur insiste sur la faisabilité des conceptions et leur viabilité dans le temps ; l'utilisateur, sur leur usage ; le qualiticien, sur leur contrôlabilité ; l'acheteur, sur leur coût. Il n'y a que vous pour le faire ! Bref : si vous voulez faire de la négociation, ne faites surtout pas des achats projets. Vous les feriez mal, et en plus vous seriez frustré !

**Laurent Jehanin,
directeur des achats du groupe Safran**

Professionnaliser les acheteurs...
et les autres

Chez Safran, nous avons lourdement investi dans la gestion des compétences achats. Nous nous sommes interrogés sur ce qu'on demandera aux achats dans dix ou quinze ans. Mon hypothèse, c'est que les achats continueront à gérer la relation fournisseur, du sourcing jusqu'à la satisfaction du besoin, en passant par la gestion des panels et les accords-cadres. En revanche, ils sortiront du dilemme des achats projets, qui fonctionnent plus ou moins bien. Soit, en effet, l'acheteur projet n'a pas la compétence ou la crédibilité technique, auquel cas il ne joue pas son rôle d'orientation des conceptions ; soit il a la compétence technique, et il entre en conflit avec le bureau d'études.

Nous voyons émerger une véritable tendance aujourd'hui, au moins dans les métiers de haute technologie : la convergence des bureaux d'études et des achats projets. Nous avons ainsi formé deux cents personnes du bureau d'études à la rédaction de spécifications ouvertes. Ils savent aujourd'hui spécifier pour réaliser des contrats à garantie de résultats. C'est une première étape. Quand ils auront bien compris ce qu'est la concurrence à l'achat et comment les fournisseurs constituent un vecteur majeur d'innovation, nous irons plus loin dans l'intégration.

3.3 Évitez de vous laisser piéger par les urgences...

Votre rôle d'achat projet décroît à mesure que le temps passe. Une fois les conceptions figées, vous n'avez plus de marge de manœuvre. Vous transférez alors les dossiers fournisseurs à l'acheteur famille, et votre rôle n'est plus « que » de sécuriser les délais et la qualité des composants ou des prestations achetées, en visitant régulièrement les fournisseurs, en vérifiant les conformités, en pilotant les plans d'actions.

Quand une conception est terminée, d'ailleurs, les membres de l'équipe projet devraient se concentrer sur la mise au point du produit et des moyens. Une conception figée n'a plus à évoluer. Dans la réalité, elle continue souvent à changer ; nous aimons tellement tout modifier jusqu'à la dernière minute. Vous êtes là aussi pour amener un peu de sérénité à l'équipe et éviter les dérives et les envies nuisibles !

Aujourd'hui, les entreprises ont bien compris l'intérêt de travailler sur les achats en amont, mais elles se cherchent et finissent par confondre les rôles. À mesure qu'approche la fin des développements, la ligne de fabrication ou le commercial (s'il s'agit par exemple d'un système clés en main) réalise que certains éléments achetés manquent (les « manquants », comme on dit), et demande à l'acheteur projet de se mettre en chasse.

Au bout d'un moment l'acheteur projet ne fait plus que cela : du court terme et de l'urgence. Ne vous y laissez pas prendre ! Votre mission la plus « payante » est véritablement en amont.

Clé 5

Acheteur famille : définissez et faites approuver une stratégie achat

À présent vous maîtrisez 3 manières de réaliser des gains d'achat :

* trouver de bonnes raisons de faire baisser les prix au fournisseur ;
* réaliser des productivités et acheter au plus juste ;
* orienter les conceptions vers les choix les plus économiques.

Le moment est venu de parler stratégie d'achat.

1. *Les enjeux : obtenir le meilleur, et de manière durable*

1.1 Un panel de fournisseurs durable...

Stupeur dans l'unité 3 de VTT. Les prix d'achat de pièces métalliques, qui avaient baissé pendant deux ans, se mettent à monter au moment où Hector Amal, le nouvel acheteur, arrive. On le somme de redresser la barre.

En réalité, le prédécesseur d'H. A., soucieux de faire des « coups » pour générer des économies rapides et visibles, a assommé ses fournisseurs principaux. Plusieurs ont déposé le bilan. D'autres ont renoncé à vendre à VTT. Quand H. A. arrive, il trouve un panel sinistré, avec des fournisseurs exsangues en situation de quasi-monopole. Les prix ne peuvent en effet que remonter.

Vous subirez sans doute des pressions énormes pour baisser les prix « coûte que coûte ». La question du début de ce livre se trouve à nouveau posée. Que voulez-vous ? Des économies jusqu'à hypothéquer gravement le futur ? Ou bien un apport durable de ressources extérieures compétitives ?

Il n'est pas toujours facile de résister, quand on est acheteur. Mais le choix ultime relève bien de vous. C'est un pouvoir considérable, qui fait partie de la richesse du métier : vous êtes là pour garantir les intérêts de votre entreprise, pour obtenir les meilleurs prix pour le produit, le service au niveau de qualité le plus approprié, pour aujourd'hui comme pour demain. L'intérêt durable de l'entreprise constitue aussi une cause digne d'attention, non ?

1.2... qui permet la concurrence...

> Hippolyte Abienut, l'acheteur de frais généraux, demande à P. et T., les deux géants de la téléphonie, de coter l'installation de nouveaux terminaux dans toutes les unités du groupe. P. et T. annoncent exactement les mêmes prix, quasiment au centime près. Ils se sont mis d'accord. La loi interdit les cartels, mais comment prouver qu'ils se sont entendus ? Si H. A. ne fait rien, il continuera à subir la loi du plus fort. Et P. et T. aujourd'hui sont bien les plus forts.

Vous rêvez de faire baisser les prix d'achat. Tout fournisseur rêve d'être en situation de monopole et d'accroître ses prix de vente. Vous vous battez donc « contre nature » : comment donc organiser, pour chaque famille d'achat, une mise en concurrence véritable ?

1.3... et d'éviter les crises

> L'unité 5 de VTT achète des composants en verre. Or une révolution technologique vient d'avoir lieu : le verre peut être remplacé par une plaque en plastique transparent, plus chère, mais qui permet des variations infinies de design. Les clients demandent du plastique. Catastrophe pour les 3 fabricants européens de verre. Dans cinq ans leur marché sera mort. « Vous paierez ma dernière glace 100 000 euros ! » assène l'un d'eux. Hector Acheaux, l'acheteur de VTT, sent bien qu'il faudra rapidement concentrer les volumes sur deux et non plus sur 3 fournisseurs... au risque sinon de payer très cher.

On est bien loin des négociations, des productivités techniques et des projets de développement. Mais on est en plein dans la fonction de l'acheteur : anticiper les risques et maîtriser les crises. Avec les révolutions technologiques, le global sourcing et la mondialisation, les défaillances de fournisseurs se multiplient.

L'élaboration d'une stratégie d'achat pour chaque famille permet de traiter ces différents cas. Élaborer une stratégie d'achat, c'est précisément définir comment et à qui vous allez acheter une fourniture donnée, un produit, un système, un service. Avec quelles armes – pour sécuriser vos achats et votre performance – et sur quel terrain, c'est-à-dire sur quel périmètre d'achat et avec quels fournisseurs.

Élaborer une stratégie d'achat a un autre objectif : celui de mettre les autres fonctions de l'entreprise au diapason, pour présenter un front uni face aux fournisseurs. Nous en reparlerons dans la 3e partie de ce chapitre.

2. La méthode : définissez une stratégie d'achat pour chaque famille

Les achats sont classés en catégories, ou « familles », en fonction des marchés fournisseurs. Ainsi les familles des composants électroniques, des pièces plastiques, des métaux ; ainsi les familles des systèmes d'information, des télécommunications, des déplacements. Pour chaque famille, il existe un « marché » de fournisseurs à qui vous allez pouvoir demander des offres et que vous pourrez mettre en concurrence.

D'où la question que vous allez vous poser : sur quels fournisseurs vous appuierez-vous, et comment allez-vous organiser la concurrence pour bénéficier des meilleurs prix et du meilleur service ?

2.1 Connaissez les fournisseurs pour focaliser vos achats sur les meilleurs

« Quand je suis arrivée à VTT, explique Héloïse Appe, le groupe comptait 42 000 fournisseurs. Nous étions 35 acheteurs en central, 120 environ dans les unités décentralisées du groupe... Comment voulez-vous faire pour tout gérer ? »

Pour développer des relations fructueuses et durables avec des fournisseurs, vous devez vous concentrer sur quelques-uns, votre « panel ». Quand une entreprise n'a pas travaillé ses achats, elle a environ autant de fournisseurs que d'employés (fait d'expérience ; sans doute parce que chaque employé, dans sa fonction, a besoin d'acheter quelque chose à l'extérieur !).

À votre arrivée aux achats, vous avez généralement trop de fournisseurs, et ceux que vous avez ne sont pas les bons. Vous allez donc :

❖ rencontrer les fournisseurs et identifier les meilleurs, qu'ils soient à votre panel actuel ou non. Vous compléterez votre analyse en écoutant les directions avec lesquelles ils travaillent en interne : comment sont-ils perçus par la direction des systèmes d'information ? Par les études, par l'usine, par la qualité, par la logistique ? Comment connaître les fournisseurs d'une famille ? C'est ce qu'on appelle le « marketing achats ». Les sources d'information sont multiples : les bases de données (façon « pages jaunes »), Internet, vos propres connaissances. N'oubliez pas de demander à vos propres fournisseurs de matières premières : ils connaissent souvent le marché mieux que personne. Pensez aussi à demander à vos collègues d'autres unités de votre entreprise. Ils ont forcément les mêmes soucis que vous ;

❖ évaluer les fournisseurs en fonction de critères simples : leur éthique (puis-je accepter – ou risquer – de collaborer avec des fournisseurs qui font travailler des enfants dans les pays en voie de développement ?), leur santé (financière et managériale ; attention au patron propriétaire de sa PME, qui fait tout, du développement international à la production, qui est gros et tout rouge ; même s'il est excellent, il se met en danger et vous avec lui), leur stratégie (notamment de développement ; comment est-elle cohérente avec la vôtre ?), leurs performances. Sur ce dernier point, ne vous contentez pas de leurs résultats actuels : demandez toujours quel plan d'amélioration ils sont en train de mettre en œuvre. La meilleure entreprise n'est rien, si elle n'est pas en mouvement.

Figure 11 – Construire le meilleur panel pour chaque famille : critères d'évaluation

Critères d'évaluation	État actuel	Plan de surveillance et de progrès
❑ L'éthique du fournisseur	OK	RAS
❑ La santé du fournisseur		
➢ Santé du management	Changement de DG	Surveiller le turnover
➢ Santé financière, endettement, rentabilité	Chute du cours de Bourse	Plan de sécurisation si OPA
➢ Degré de dépendance	25% du CA avec moi	Plan de rééquilibrage
❑ La stratégie du fournisseur		
➢ Stratégie des actionnaires	Peu lisible	Entretien entre nos deux PDG
➢ Développement international	Non présent en Asie	Partenariat d'implantation ?
➢ Technologie	OK	Plan veille techno en Corée
➢ Segments de marché	OK	RAS
➢ Clients	Contrat avec JPGU	Surveiller la qualité du service
➢ Produits et services	Réactivité SAV hors SLA	Plan d'action commun
❑ La qualité	140 ppm	Plan Qualité
❑ La compétitivité	Trop faible	Monter un plan de productivité
❑ La logistique	Retards fréquents	Plan de surveillance au démarrage
❑ La capacité de production	Résultats actuels	Plan : doubler les moyens de test
❑ La capacité de développement	Résultats actuels	Formation à la CCO
❑ La capacité d'innovation	Peu d'input	Monter un contrat de co-innovation ?

2.2 Définissez la stratégie d'achat pour vos familles

Élaborer une stratégie d'achat suppose de connaître à la fois ce qu'on achète, et le marché fournisseurs de la famille.

❖ Ce qu'on achète n'est pas immuable : l'arrivée de nouvelles technologies bouleverse la donne concurrentielle. Vous devez repérer les évolutions prévisibles, pour permettre à votre entreprise de les anticiper. Peut-être ce que vous appelez « famille » ne sera-t-il plus qu'une sous-famille demain (cf. la « convergence » télécommunications – contenus – informatique).

❖ Le marché fournisseurs évolue. Vous devez connaître les zones principales de fourniture et leur évolution. Dans chaque mouvement, vous pouvez trouver des opportunités… et des contraintes. Par exemple, les entreprises indiennes progressent vers l'Ouest en reprenant des entreprises occidentales ; vos fournisseurs actuels sont-ils des cibles pour elles ? Les entreprises chinoises s'organisent pour produire pour l'ensemble de la planète ; quel circuit logistique, quelles procédures douanières, quels processus de traitement des problèmes qualité mettez-vous en place ?

❖ Vos fournisseurs actuels entreprennent eux-mêmes des mouvements stratégiques lourds. Quelle stratégie ont leurs nouveaux actionnaires éventuels ? Comment veulent-ils se développer ? Évoluent-ils vers la construction d'usines dans les pays à bas coûts, des délocalisations, des partenariats locaux ? Vers de nouveaux développements technologiques, des innovations, des montées en gamme ? Vous devez connaître leurs projets, leurs ambitions. Nous l'avons vu dans la clé 2, si vous arrivez à trouver comment votre besoin nourrit le projet d'un fournisseur, il acceptera toujours des conditions plus intéressantes pour vous.

❖ Vous devez connaître également les facteurs qui déterminent les prix. Si, par exemple, la part main-d'œuvre est forte, vous aurez tendance à chercher des fournisseurs qualifiés dans les pays à bas coûts (ce que font les plates-formes téléphoniques, par exemple, vers les pays de même langue, ou les SSII en Inde). Si la part matière est importante, vous étudierez les évolutions prévisibles chez les fournisseurs de vos fournisseurs (fournisseur « de rang 2 ») : quand prévoit-on les hauts/les bas de cycle ?

Vous pourrez ensuite élaborer les préconisations nécessaires :

❖ Quelles directions – évolutions technologiques, géographiques, de marché – voulez-vous privilégier, en fonction des évolutions de votre entreprise ?

❖ Avec quels fournisseurs proposez-vous de travailler ? Sur qui vous appuierez-vous pour vos fournitures, pour vos développements, pour votre innovation ? Peut-être voudrez-vous faire un panel « panaché » – des Occidentaux excellents développeurs, plus chers mais sources de propositions et d'innovation indispensables, que vous intégrerez dans vos projets ; des challengers locaux, à la chaîne logistique facilement maîtrisable ; des fournisseurs plus lointains et beaucoup moins chers, etc.

❖ Comment proposez-vous de les mettre en concurrence ?

❖ Comment contracterez-vous avec eux, selon quels modes ? Voudrez-vous un contrat sur plusieurs années ? Ou une commande au coup par coup ? Comment éviter les contrefaçons ? Quelle propriété intellectuelle voulez-vous détenir ?

❖ Quels gains escomptez-vous pour votre entreprise ? Gains sur les prix, mais aussi en matière de qualité, d'innovation, de service…

❖ Quelles actions devez-vous (faire) engager pour mettre cette stratégie en œuvre ? Quelles modifications de la chaîne logistique ou du contrôle qualité, l'entreprise doit-elle engager pour acheter « loin » ? Comment peut-elle anticiper les évolutions technologiques prévisibles, ou les externalisations/réintégrations préconisées ?

Figure 12 – Une stratégie achats pour chaque famille

ANALYSES	PRÉCONISATIONS
❏ **Identification des directions prescriptrices** ➢ Attentes et besoins à satisfaire ➢ Volumes et enjeux ❏ **Caractéristiques de la famille** ➢ Technologies utilisées, produits, services ➢ Historique, évolutions à prévoir, innovations en cours ❏ **Caractéristiques des prix** ➢ Décomposition des prix : part matière, valeur ajoutée, main-d'œuvre ➢ Facteurs majeurs d'évolution des prix ❏ **Marché fournisseurs** ➢ Vision du marché fournisseurs ➢ Opportunités potentielles : pays à bas coût, mouvements stratégiques en cours et resegmentations possibles, ... ❏ **Caractéristiques du panel actuel** ➢ Quels fournisseurs ➢ Évaluation sur l'ensemble des critères de performance (cf. critères d'évaluation des fournisseurs) ➢ Actions en cours avec les fournisseurs : volumes d'achats actuels et prévisionnels, actions d'amélioration	❏ **Actions d'amélioration du service rendu** (si nécessaire) ❏ **Orientations technologiques et coûts associés pour la famille** ❏ **Orientations stratégiques** ➢ Externalisations, faire/faire faire ➢ Re-segmentations ➢ Mouvements à privilégier : géographiques (pays bas coûts), technologiques, stratégiques (regroupement de fournisseurs, ...) ❏ **Orientations fournisseurs** ➢ Panel proposé ➢ Type de mise en concurrence proposé ➢ Mode de contractualisation proposé ❏ **Gains escomptés (prix, qualité, service, innovation, ...)** ❏ **Plan d'actions (attributions de marché, rencontres, ...)**

3. Vos leviers : faites valider la stratégie et mettez-la en œuvre

3.1 Entraînez l'ensemble de l'entreprise

Vous êtes acheteur, mais c'est votre entreprise qui achète. La stratégie achat que vous élaborez pour votre famille est d'abord celle de votre entreprise. Il vous appartient de préparer cette stratégie, mais aussi de la faire valider et prendre en charge par l'ensemble des autres fonctions.

Pour cela, vous avez intérêt à élaborer votre stratégie d'achat avec les fonctions concernées. Demandez aux prescripteurs leur propre évaluation du marché fournisseurs, leur appréciation des partenaires avec qui ils travaillent, leurs besoins, les évolutions technologiques qu'ils prévoient. La stratégie que vous proposerez sera d'autant plus facilement validée qu'elle aura été élaborée en commun.

La validation d'une stratégie achat se fait généralement au niveau du comité de direction, pour que l'ensemble de l'entreprise s'y sente mobilisée. C'est l'occasion rêvée pour vous de faire partager les évolutions de panel, ou les grosses opérations de resourcing toujours dérangeantes pour les prescripteurs, voire les reconceptions et autres rationalisations qui vont mobiliser leurs ressources.

C'est aussi l'occasion de mettre toute l'entreprise en phase vis-à-vis des fournisseurs de votre famille, et de déterminer le rôle de chacun dans les mises en concurrence proposées.

3.2 Mettez en œuvre la tactique de mise en concurrence définie

Vous allez organiser la concurrence de manière différente selon les familles :

❖ avec les fournisseurs de commodités ou de fournitures, vous allez consulter ceux qui peuvent vous assurer le meilleur service, les mettre en concurrence puis négocier des contrats cadres ;

❖ pour les secteurs où vos fournisseurs sont légion, vous allez resserrer le panel sur les plus performants – en prix, mais aussi en qualité et en logistique. Généralement, vous n'avez pas les bons (sinon vous n'en auriez pas tant) : donc vous allez commencer par ouvrir le panel pour le concentrer fortement ensuite, en mettant aux enchères des volumes beaucoup plus importants. Si vous montrez des vraies opportunités de croissance de chiffre d'affaires à vos fournisseurs, ils vous suivront ;

❖ vous allez organiser la concurrence entre les gros fournisseurs. Sans vergogne si vous le pouvez ;

❖ puis il y a les fournisseurs « rares », en situation de monopole, qui savent faire ce que les autres ne savent pas (attention cependant : votre collègue de la technique vous dira toujours que son fournisseur est le seul capable ; ne vous laissez pas prendre, et ouvrez le panel ; il n'a généralement jamais cherché ailleurs !). Votre intérêt d'acheteur est toujours de casser les monopoles, pour minimiser les risques – d'accroissement des prix, bien sûr, mais aussi de ruptures d'approvisionnements, de faillites, etc.

Les cas suivants donnent quelques exemples de modes de mise en concurrence possibles. Dans tous les cas, vous aurez toujours intérêt à les organiser avec vos collègues prescripteurs, qui devront assumer les choix.

Une mise en concurrence simple

Chez VTT on a toujours fonctionné de la même manière : on repère les fournisseurs capables, on les consulte dès qu'on a un cahier des charges fiable, on négocie, et on choisit le meilleur.

Aujourd'hui, les enchères inversées en ligne (*bidding on line*, ou BOL) facilitent grandement les négociations finales. Mais attention : elles ne remplacent jamais le travail préparatoire aux négociations, qui demeure fondamental, surtout pour des pièces ou des prestations à la demande. Il s'agit de rencontrer chaque fournisseur, de vérifier son aptitude et ses capacités ; cela peut prendre de longs mois. Il faut lui montrer ce qu'il a à gagner à l'opération, lui expliquer comment il peut gagner. Puis, le moment venu, il vous faut respecter scrupuleusement la déontologie de l'achat, le secret et la loyauté de la mise en concurrence.

L'acheteur n'est pas là seulement pour « tirer le maximum », mais pour « tirer le meilleur ». L'établissement d'un courant d'affaires entre deux entreprises reposera toujours sur la confiance entre des personnes, même si pendant un temps le mode de relation passe par un jeu vidéo. Si l'acheteur détourne les règles qu'il a lui-même fixées, par exemple d'allocation de volumes, il devra s'attendre à un retour de bâton. « La confiance, c'est comme les allumettes : ça ne sert qu'une fois », écrivait Marcel Pagnol. Et « Le monde est petit, et la vie est longue » !

Une resegmentation

L'unité 2 de VTT veut renouveler l'ensemble de ses postes de travail informatiques. L'unité considérait jusque-là deux familles d'achat : les ordinateurs et la maintenance informatique. Hubert Alleus, le nouvel acheteur, propose d'acheter des « heures de poste de travail », donc de louer des terminaux et un service de maintenance permanent. Les fournisseurs sont prêts. Du coup, les panels des deux familles peuvent être fusionnés, et la mise en concurrence devient beaucoup plus large et efficace.

« L'art de la stratégie, c'est la segmentation », affirment certains dirigeants. Ils pensent à la segmentation de leurs clients, qui leur permet d'identifier les « niches » où ils seront en monopole et pourront générer des marges. Cela s'applique de même aux marchés amont. La définition d'une « famille » incarne elle-même la stratégie. De belles productivités peuvent être réalisées en modifiant les frontières entre familles. En clair : ne vous attachez pas à une nomenclature figée !

L'animation stratégique
d'un marché fournisseurs

Halphonse Auniaire, l'acheteur de l'unité 9 de VTT, est confronté à un cartel entre deux fournisseurs de composants stratégiques. Comment rétablir la concurrence ? Après avoir étudié plusieurs options, il propose un partenariat stratégique avec un troisième pour lui permettre de développer des technologies équivalentes.

Il n'a pas oublié son début de carrière, dans une grande entreprise publique. À l'époque, il n'y avait pas de fonction achat, seulement une « direction des ressources industrielles », chargée d'assurer la mise en œuvre des politiques industrielles les plus appropriées aux intérêts de l'État.

Ces directions ont disparu pour la plupart, parce qu'elles pervertissaient de manière trop évidente les lois du marché en favorisant un concurrent aux dépens d'un autre. Mais elles jouaient également un rôle fondamental dans l'évolution d'un secteur entier, dans la composition et la recomposition des alliances entre entreprises, dans les rachats, dans les fusions, dans les investissements. C'est exactement ce que H. A. a fait ici.

Si vous incarnez « le client » aux yeux de vos fournisseurs, alors sachez que vous faites partie intégrante de leur stratégie (surtout si vous leur achetez une part importante de leur chiffre d'affaires).

Pendant longtemps les banques et les compagnies d'assurances, par exemple, ne se sont pas intéressées à leurs achats, parce qu'elles achetaient seulement 20 à 30 % de leur chiffre d'affaires (à comparer aux 70 % de l'automobile ou de l'agroalimentaire). Un jour elles ont réalisé qu'elles représentaient 50 à 70 % du chiffre d'affaires de leurs fournisseurs de systèmes d'information. Quand elles ont pris conscience des rapports de force qu'elles détenaient (et des sommes en jeu), elles ont structuré des directions achats qui n'ont rien à envier à leurs homologues de l'industrie.

Vous jouez ainsi, consciemment ou non, un rôle énorme dans l'évolution de vos fournisseurs. Autant le savoir, pour orienter le secteur que vous animez dans les bonnes directions.

Il faut parfois plusieurs années de travail acharné pour constituer un marché fournisseurs sur un achat donné. Dans les cas simples, il « suffit » de faire monter un fournisseur en compétence. S'il doit acquérir de nouveaux métiers ou investir dans de nouveaux process de fabrication, cela peut lui prendre déjà plusieurs mois. Dans des cas plus complexes, votre rôle ira jusqu'à susciter des partenariats, voire des fusions ou des acquisitions, entre fournisseurs ou branches d'activités.

Certains pourront réagir en disant : « Les achats n'ont pas à s'ingérer dans les affaires des fournisseurs. » Certes, mais quand un acheteur décide de déréférencer un fournisseur de son réseau de grandes surfaces, ou de baisser les prix de 5 à 10 % jusqu'à le mettre en difficulté extrême, n'y a-t-il pas de toute façon une ingérence considérable ?

Une ingénierie complexe

Jusqu'ici, chez VTT, on avait donc toujours mis les fournisseurs en concurrence de la même manière : on consultait les fournisseurs capables, on négociait puis on retenait le meilleur. Habib Aindomme, le nouvel acheteur, vient de l'automobile et il a pris l'habitude de mettre les fournisseurs en concurrence le plus en amont et le plus longtemps possible, et de les choisir au dernier moment. Il parvient ainsi à baisser les prix de 25 à 30 % juste sur les conceptions amont, en intégrant les fournisseurs pour en tirer le maximum d'idées de productivité, selon le schéma suivant.

Figure 13 – Une ingénierie d'achat novatrice peut constituer un levier majeur de compétitivité

Exemple de mode de mise en concurrence (dans l'industrie automobile)

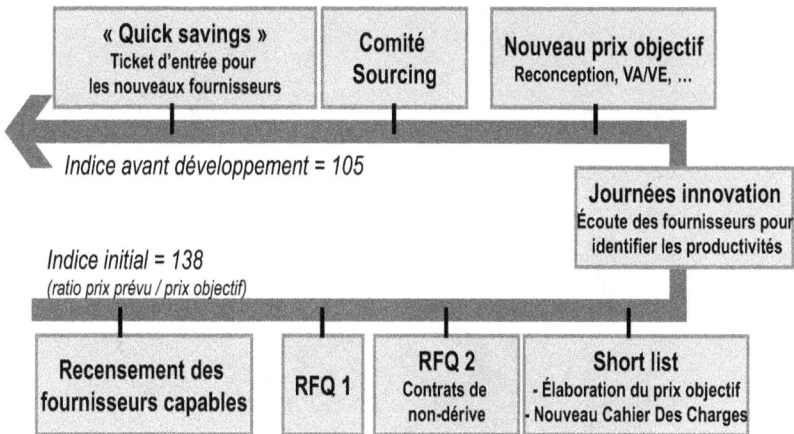

« Quick savings » Ticket d'entrée pour les nouveaux fournisseurs	Comité Sourcing	Nouveau prix objectif Reconception, VA/VE, ...

Indice avant développement = 105

Journées innovation
Écoute des fournisseurs pour
identifier les productivités

Indice initial = 138
(ratio prix prévu / prix objectif)

Recensement des fournisseurs capables	RFQ 1	RFQ 2 Contrats de non-dérive	Short list - Élaboration du prix objectif - Nouveau Cahier Des Charges

Dans l'exemple ci-dessus, après une première consultation « large » (RFQ, ou *request for quotation*), puis une deuxième plus réduite, vous consolidez les meilleures idées dans un nouveau cahier des charges, vous déterminez un prix objectif, puis vous invitez les fournisseurs retenus à faire des propositions de réduction de coût sur ce cahier des charges.

Vous consolidez à nouveau les idées de productivités et déterminez un nouveau prix objectif. Un comité de décision choisit alors le fournisseur à qui vous demandez une baisse immédiate de 2 à 3 % (« vous êtes choisi, mais il y a un ticket d'entrée »).

Un tel processus de mise en concurrence requiert des ressources et une énergie considérables. Aux achats, mais aussi chez les prescripteurs, qui doivent être avec vous tout au long de l'opération. Il n'est adapté qu'aux enjeux majeurs : gros volumes, forte composante de développement, base fournisseurs solide. Les achats traditionnels restent dans des ingénieries simples.

Clé 6

Négociez des objectifs partagés, mesurez et pilotez les résultats

1. L'enjeu : faire des objectifs un pouvoir

VTT entreprend une réorientation stratégique majeure. Il rachète des entreprises, crée de nouvelles branches d'activité. Le directeur général, soucieux de générer des synergies entre les branches, recrute un nouveau directeur des achats.

Bon an mal an, le groupe réalise entre 10 et 15 millions d'euros de gains d'achat. Le directeur général demande au nouveau directeur des achats de faire « au moins aussi bien ». Mais « aussi bien » se fait tout seul et n'a besoin d'aucune impulsion supplémentaire. Quel intérêt ont les patrons des branches opérationnelles à trouver des réductions de coûts supplémentaires ? Quels leviers d'action ont les achats vis-à-vis d'eux ? Aucun, et aucun.

Il ne suffit pas de donner carte blanche à la direction des achats. Les achats ne sont rien sans des objectifs. La première proposition qu'un directeur achats devrait faire à son patron serait de fixer des objectifs de réduction des coûts ambitieux à l'ensemble de l'entreprise.

Quand en effet l'entreprise se mobilise autour d'objectifs ambitieux, vous pouvez donner votre pleine mesure, obtenir des fournisseurs des réductions à court terme, et surtout tirer leurs meilleures propositions pour « repenser » les produits, faire évoluer les matières, standardiser, limiter les investissements, travailler les circuits logistiques, reconcevoir des pièces. Autour de vous, le reste de l'entreprise étudie les propositions, les valide, suit leur réalisation. Et l'entreprise gagne.

2. La méthode : définissez des objectifs ambitieux, mesurables et solidaires

2.1 Définissez des indicateurs

La plupart des entreprises dotées d'une direction achats ont mis en place des systèmes de mesures des performances, avec indicateurs fiables, reporting systématique, calcul des gains, responsabilisation des acheteurs sur les économies qu'ils permettent de réaliser.

L'indicateur le plus courant est un « indice de performance achats » (IPA), calculé par comparaison entre les prix négociés et les prix de l'année précédente.

L'IPA se calcule de la manière suivante :

❖ vous achetez des pièces, des composants, des matières, des frais généraux récurrents pour un prix de 100 en début d'année. En négociant âprement avec votre fournisseur en mai, vous obtenez un nouveau prix de 96. Puis, en septembre, vous standardisez la pièce et, par effet d'échelle,

Figure 14 – Calcul de l'indice de performance achat

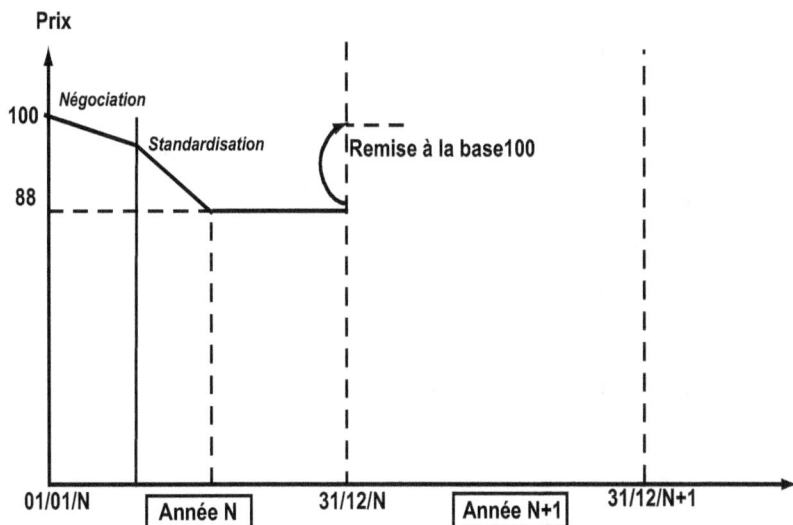

vous obtenez un prix de 88. À fin décembre, vous achetez toujours à 88. Votre IPA est passé de 100 à 96 et à 88 ;

❖ au 1er janvier de l'année suivante, vous achetez toujours à 88. Mais l'IPA, lui, repasse à 100. Vous devrez négocier à nouveau, peut-être solliciter des fournisseurs de pays plus compétitifs, reconcevoir vos besoins, etc., pour faire à nouveau baisser l'IPA ;

❖ les IPA sont consolidés par famille d'achat, puis sur l'ensemble de l'entreprise. D'un seul coup d'œil, le directeur des achats et le directeur général savent exactement quelles familles ont été « travaillées » par les achats, et quelles autres ne l'ont pas été ;

❖ pour les achats de frais généraux non récurrents et les investissements, le calcul est différent, puisqu'on n'a pas de base de prix d'une année sur l'autre. L'IPAI (I comme investissements) est généralement calculé en comparant le prix final à celui de la moyenne des offres « acceptables » obtenues lors de l'appel d'offres. Supposons : vous passez un appel d'offres pour un équipement donné. Les fournisseurs sollicités vous le proposent à 96 000, 99 000, 101 000, 104 000 et 145 000 euros. Vous écartez la proposition à 145 000 et faites la moyenne des autres, soit 100 000 euros. Vous écoutez les propositions des fournisseurs, travaillez avec eux sur les options, sur les caractéristiques techniques de l'équipement, et faites baisser son prix à 93 000 euros. Votre IPAI est alors de 93 000/100 000 × 100, soit 93 ;

❖ L'IPAP, indice de performance achats projets (cf. clé 4), permet de compléter la liste.

2.2 Insistez pour que les objectifs soient partagés

Le directeur général de VTT a fixé un objectif de 10 % de réduction de ses coûts de système d'information (SI). Ses directeurs achats et SI l'alertent : « C'est beaucoup trop ! Les équipes sauront peut-être faire 5, mais sûrement pas 10 ! »

« Non, répond le président. Si je demande 5, j'obtiendrai peut-être 4, mais nous passerons sous la haie, sans rien changer, comme nous avons toujours fait. Si je demande 10, vous serez obligés de travailler ensemble pour tenir l'objectif. Donc je vous demande 10. »

Non seulement le groupe a réussi à réduire ses coûts de 9,4 % cette année-là, mais en plus les acheteurs et les chefs de projet SI ont fonctionné en binômes dès le début des nouveaux programmes de développement. Le groupe a gagné sur tous les plans : il s'est réformé, et il a gagné de l'argent.

L'essentiel n'est pas seulement de fixer des objectifs ambitieux, mais de fédérer à travers ces objectifs. Un objectif commun, dont le prescripteur et vous êtes solidairement responsables, constituera toujours votre meilleur gage d'efficacité. Insistez pour avoir des objectifs partagés avec les collègues des autres directions. Et insistez pour qu'ils soient ambitieux !

Ce critère de solidarité est rarement rempli. Dans la plupart des cas, on fixe des objectifs de réduction des coûts aux achats, et des objectifs de chiffre d'affaires et de marge aux unités. Du coup, les achats ne font que poser des problèmes et compliquer la vie des opérationnels.

Les unités n'ont intérêt à réduire leurs coûts que si on leur fixe des objectifs. Dans ce cas les achats apparaîtront non plus comme un problème, mais comme une solution à un problème « venu d'en haut » (cette règle vaut d'ailleurs pour toutes les articulations entre directions fonctionnelles et unités opérationnelles).

L'IPA (en particulier dans les cas où il faut changer les spécifications), l'IPAI (quand les caractéristiques de l'équipement doivent être rediscutées) et l'IPAP (indice de performance achats projets, cf. clé 4) sont tous les trois des indicateurs partagés. Vous n'en êtes pas le seul dépositaire, puisque vous ne pouvez atteindre vos objectifs sans les autres fonctions. Ils peuvent donc servir également d'indicateurs aux prescripteurs.

Christine Bénard,
directeur général de l'activité systèmes thermiques Europe Sud et Ouest de Valeo

Objectifs et performance

Pour favoriser la mobilisation rapide de toute l'entreprise sur les productivités, j'ai, quant à moi, indexé une partie du bonus de chacun de mes directeurs (des études, de la production, de la qualité, du commercial... comme des achats) sur la balance d'inflation (écart entre la baisse des prix de vente qu'impose le marché et la variation des prix d'achat). Cela incite tout le monde à soutenir les achats dans leur rôle. Cela incite aussi les commerciaux à aller se battre pour construire les plans de productivité avec les clients. Nos prix de vente doivent baisser par la baisse de nos propres coûts, et non pas par la baisse de nos marges. Et les clients doivent nous y aider, en validant les actions de productivité que nous leur proposons.

2.3 Veillez à ce que la mesure des gains soit reconnue

Les achats ne sont rien sans objectifs, ils ne sont rien non plus sans une mesure objective et reconnue de leurs résultats.

« Les achats ont une fois de plus tenu leurs objectifs ! » se félicite Hildebert Assion, le directeur des achats de l'unité 4. « C'est n'importe quoi ! » rétorque son collègue du contrôle de gestion. « Où ils sont les gains ? Je ne les retrouve nulle part dans les comptes ! »

L'acheteur « challenge », ses demandes génèrent du travail supplémentaire à l'entreprise. Si, en plus, ses résultats sont contestés, il est en difficulté.

Christine Bénard,
directeur général de l'activité systèmes de Valeo pour l'Europe du Sud-Ouest

Des réflexions du type : « Les acheteurs font de l'indice mais on ne voit rien dans les résultats de l'entreprise » sont particulièrement décrédibilisantes pour une démarche achats. Le calcul de l'indice doit être rigoureux, normalisé, contrôlé par la direction financière. C'est un gage de succès déterminant pour l'acheteur.

La plupart des directions achats ont compris : elles réclament désormais un contrôleur de gestion achats supervisé par la direction financière, pour calculer ces gains et certifier leur cohérence avec les résultats de l'entreprise. Ce contrôleur assure leur reconnaissance et, partant, leur légitimité dans l'entreprise. Vos demandes d'actions de productivité seront d'autant plus légitimes que vos résultats seront incontestés.

2.4 Vérifiez la représentativité de vos indicateurs

Françoise Odolant,
directeur des achats et des moyens généraux du groupe des Caisses d'Épargne

Les achats ne sont pas une science exacte. Où en sommes-nous sur le chemin de la performance achats ? Nous, acheteurs, mais surtout nous, entreprise ? « Bien acheter » concerne toute l'entreprise, bien au-delà de l'acheteur. L'indice achats est loin de tout dire.

Comme toujours, chaque médaille a son revers et le suivi d'un tableau de bord ne remplacera jamais le pilotage d'une fonction. Vérifiez toujours votre système d'indicateurs. Petit florilège de situations où la valeur ajoutée de l'acheteur s'est trouvée bradée.

Des indicateurs incohérents

L'unité 5 de VTT répond à des appels d'offres internationaux pour la réalisation de gros équipements électromécaniques. Dès l'obtention du contrat, le directeur général de l'unité nomme un directeur de projet, chargé de tenir les objectifs de délai et de marge du projet.

Les acheteurs s'étonnent : leurs propositions de productivité sont refusées par le directeur de projet sans analyse. Alors qu'elles pourraient améliorer sensiblement la marge de l'unité.

Mais voilà : pour réaliser une productivité, reconcevoir un sous-ensemble ou modifier une spécification, il faudrait mobiliser des ressources de l'ingénierie. Dont le coût est inclus dans la marge du projet. Tandis que les gains escomptés des achats sont comptabilisés dans une rubrique « Risques » hors marge. Le directeur de projet pénaliserait donc ses résultats personnels s'il faisait étudier la moindre productivité !

Le « management par objectifs » est ainsi incohérent entre les fonctions achats et projets, et toute productivité est impossible.

Des indicateurs restrictifs

L'unité 7 de VTT achète des peintures fort onéreuses pour ses produits. Un acheteur découvre une peinture moins chère chez un fournisseur concurrent. La formule chimique semble la même, la nouvelle peinture satisfait le cahier des charges. L'usine n'a pas le temps de faire les tests requis, et l'acheteur décide de changer de fourniture. Le résultat est calamiteux : ce qui fonctionnait en mode prototype ne fonctionne plus du tout en série, l'usine doit rebuter 30 % de ses pièces. L'acheteur a amélioré son indice achat, mais l'entreprise est en crise. Sans parler des relations avec le fournisseur originel, qui se retrouve en position de force vis-à-vis de son client.

Focaliser votre performance sur la réduction des prix d'achat peut être contraire à l'intérêt de l'entreprise. Vos indicateurs sont forcément multiples, voire contradictoires. Vous êtes là pour réduire les « coûts de possession » – d'acquisition, d'utilisation et d'exploitation (*total cost of ownership*, cf. clé 3). Vous ne devez pas être tenté de dégrader la qualité ou le service en échange d'une baisse de prix.

Il n'existe pas de méthode de calcul standard de ce *cost of ownership*, et chaque entreprise doit être créative pour mobiliser ses acheteurs. Vous pouvez l'être aussi, et suggérer les objectifs les plus représentatifs de votre performance réelle !

Des indicateurs éclatés

Le poids des plastiques et autres métaux est tel, à l'échelle de VTT, que le directeur financier isole les prix matières des coûts d'achat. Chaque année il définit un « budget matières », qu'elles soient consommées directement par VTT ou par ses fournisseurs. Les acheteurs sont mobilisés sur les gains de valeur ajoutée et, année après année, ils tiennent leurs objectifs.

Holmes Arlock, le nouveau directeur achats de VTT, comprend vite : les acheteurs négocient âprement les gains réalisés sur la valeur ajoutée, mais sont beaucoup moins vigilants sur les hausses matière que réclament les fournisseurs. Pire : le système risque même de les inciter à « échanger » des hausses matières (sur lesquelles ils ne sont pas jugés) en contrepartie de productivités. Voilà comment, sur un poste de dépense éminent du groupe, que ses dirigeants suivent comme le lait sur le feu, il n'y a aucun acheteur, aucune négociation, rien que des hausses et des baisses non maîtrisées !

2.5 Assurez-vous que les indicateurs sont suivis au bon niveau

Un exemple de tableau de bord achats est donné ci-dessous. Vous devez y retrouver la mesure de vos performances : elle témoigne de votre action et de la reconnaissance de l'entreprise.

Figure 15 – Tableau de bord de suivi des indicateurs achats

Indicateur	Mois M	Prévision M+1	Prévision M+2	Prévision M+3
Indice Achat				
- sans changement de spécification				
• Négociation				
• Resourcing				
• Global sourcing				
- avec changement de spécification				
• Standardisation				
• Substitution de matière				
• Reconception				
• Productivités fournisseur				
• Emballage				
• Logistique				
Indice Projets				
• Indice				
• Délai d'atteinte de l'objectif				
Indice hors production				
• Indice frais généraux				
• Indice investissements				
Indice Qualité				
• incidents				
• ppm				

3. Vos leviers : des objectifs ambitieux et partagés, des résultats indiscutables

3.1 Faites des objectifs votre cheval de Troie

Trois messages principaux ressortent de ce qui précède :

* ne fuyez pas des objectifs ambitieux, ils sont vos meilleurs alliés. Mais veillez à ce qu'ils soient partagés avec les directions prescriptrices. Vous ne donnerez votre plein potentiel qu'à ce prix. Si vous n'y arrivez pas, vous pouvez réduire la voilure. C'est dommage pour vous, dommage pour l'entreprise et ses résultats, tant pis ;

* insistez pour avoir des objectifs représentatifs de l'ensemble de vos responsabilités, au-delà des seuls prix d'achat. Vérifiez leur cohérence avec les objectifs des autres directions (par exemple sur la qualité, le *cost of ownership* ou les projets) ;

* faites-vous fixer des objectifs globaux, en lien direct avec les résultats de l'entreprise. Ne vous en privez pas : les achats sont l'une des deux seules fonctions (avec les ventes) dont les résultats soient visibles au plus haut niveau. Et veillez à ce que vos résultats soient systématiquement validés par le contrôle de gestion.

3.2. Planifiez et pilotez vos actions

Faites-vous votre propre reporting prévisionnel, votre « feuille de route », en listant toutes les actions que vous prévoyez pour chaque famille ou pour chaque projet au cours de l'année ; datez les échéances ; identifiez leurs impacts, consolidez l'ensemble, et voyez quels seront vos résultats en fin d'année. Vous pourrez ainsi mesurer où vous vous situez, et où vous allez. Il vous servira aussi d'outil de visibilité vis-à-vis de vos responsables, qui pourront vous aider à mettre en mouvement les autres fonctions pour accélérer les actions et améliorer vos résultats.

Un exemple d'un tel reporting prévisionnel est donné ci-dessous.

Figure 16 – Tableau de bord prévisionnel

Famille d'Achats :

Indicateur	T1 (1er Trimestre)	T2	T3	T4

Indice Achat
- sans changement de spécification
  • Négociation
  • Resourcing / global sourcing
- avec changement de spécification
  • Standardisation
  • Substitution de matière
  • Reconception
  • Productivités fournisseur
  • Emballage
  • Logistique
	Renégociation :
	IPA : 96
		Rationalisation de la gamme, reconceptions		BOL sur la totalité des volumes
				IPA : 87

Indice Qualité
  • Incidents
  • PPM
	Plan d'actions en cours avec Fournisseur 1			Incidents : 0
				PPM : -25%

3.2. Décloisonnez le système d'informations achats !

Les bons systèmes d'information achats sont rares. Mais l'information achats est primordiale, comme il est primordial de la partager avec les fonctions prescriptrices. En tant qu'acheteur, vous êtes certes soumis à la qualité du SI achats de votre entreprise ; mais vous êtes responsable de ce que vous faites de l'information achats, de la manière dont vous la mettez à jour, dont vous l'organisez, dont vous la diffusez, etc. Mettre à disposition l'information achats relève du « connectez-vous » de la clé n° 1. Cela induit l'échange, le travail collaboratif, donc l'intégration des achats dans la vie de l'entreprise.

Guillaume Bitran,
directeur du business environnement chez Alstom Power Service

Le système d'information achats (SI achats) est déterminant pour l'acheteur. Dans l'idéal, il a deux objectifs principaux. D'abord, il doit permettre de piloter la performance achat de manière fiable et non contestable. Le SI achats n'est pas seulement dans la cour des achats, il est transparent et ouvert, pour que les opérationnels puissent voir l'impact réel des politiques achat dans les comptes. Cette caractéristique est primordiale pour l'acheteur, à qui le SI achats confère, quand il est décloisonné, reconnaissance et autorité.

Le SI achats doit également permettre à l'entreprise de capitaliser sur la connaissance des marchés fournisseurs à travers l'entreprise. Là encore, la base de données fournisseurs doit être accessible bien au-delà des achats, aux bureaux d'études, aux membres des équipes projets, à la finance. Il est essentiel pour un chef de projet, par exemple, surtout s'il travaille à l'autre bout du monde, de savoir avec quels fournisseurs il peut travailler, ce qu'ils font, ce que l'entreprise leur achète déjà, pour quel montant, etc. L'acheteur ne peut pas être le seul à détenir la vérité. Les achats constituent un processus transverse dans l'entreprise, les acheteurs animent ce processus mais il engage bien d'autres fonctions.

Les SI achats sont difficiles à construire, et on est encore loin des objectifs visés. Même la simple connaissance actualisée des dépenses de l'entreprise auprès de chacun de ses fournisseurs et par nature (la fonction la plus basique d'un SI achats) est aujourd'hui quasi inaccessible dans la plupart des grandes entreprises. Quand vous avez plusieurs centaines de sites ou de business units à travers le monde, chacune avec son ERP, le travail d'interfaçage avec chacun d'eux est dissuasif.

Vous pouvez contourner le problème en organisant un *data warehouse* structuré, rassemblant toutes les informations, les fournisseurs, les produits, l'organisation interne... codifiées de la même manière. Chaque SI achats vient ensuite s'interfacer avec ce *data warehouse* unique, ce qui permet de s'affranchir de l'hétérogénéité des ERP.

Internet constitue un point d'appui pour le SI achats, puisqu'il permet de mettre à disposition une information partagée, et en même temps organisée de manière centrale. Le fait d'avoir des informations en ligne incite à travailler ensemble autour des mêmes données (par exemple pour l'élaboration du cahier des charges, par essence portée par d'autres fonctions de l'entreprise) et fait progresser tout le monde. La fonction achat s'en trouve décloisonnée. Un SI achats ouvert et collaboratif permet aux achats de prendre un leadership. *A contrario*, la difficulté d'avoir un SI achats performant n'est peut-être que le reflet de la difficulté à décloisonner la fonction achat elle-même.

Nous avons procédé par étapes. L'un des pièges est de considérer le SI achats comme un sujet d'expertise technique. Si vous en confiez l'élaboration aux hommes de l'art de la technologie de l'information, vous privilégiez son efficacité technologique au détriment de son efficacité fonctionnelle. Tout au long de la mise en place du SI achats, nous avons mis l'outil au second plan pour nous intéresser à ce que nous voulions faire, à ce que l'entreprise pouvait en attendre, au levier de changement qu'il pouvait constituer. Nous avons évité absolument les outils dits « intégrés », par définition plus chers, moins flexibles et souvent décevants en termes de fonctionnalités métier.

Puis nous avons focalisé sur l'action. Nous avons d'abord travaillé sur les outils d'e-sourcing. Ensuite, à force d'empiler les actions, chacun a vu la nécessité de les mettre en commun et de les porter à la disposition du plus grand nombre. Nous nous sommes ainsi dirigés vers un SI achats, avec ses tableaux de bord, ses bases de données... en capitalisant sur la dynamique engagée.

Certains ont dit : « Le SI achats permet de faire de la productivité. » C'est sans doute vrai, et les acheteurs libérés d'une partie de travail administratif peuvent se concentrer sur leur travail d'achat. Mais soyons clairs : ce n'est absolument pas son premier enjeu.

Clé 7

Contribuez à la stratégie de l'entreprise

Cette septième clé aurait dû être positionnée au début du livre. À quoi bon travailler si ce n'est pas pour la stratégie de l'entreprise ? Mais l'acheteur qui démarre a besoin de construire une vraie crédibilité avant de s'y intéresser. À présent vos actions de réduction des coûts font leurs preuves tous les jours, votre capacité à faire profiter l'entreprise des propositions de fournisseurs est reconnue, vous intéressez l'ensemble des fonctions prescriptrices à la fois à la stratégie d'achat, au choix des fournisseurs et aux réductions de coûts. Vous allez pouvoir contribuer directement à la stratégie de l'entreprise.

1. Les enjeux : acheter pour servir la stratégie de l'entreprise

A *priori*, les achats font partie de l'entreprise et, à ce titre, ils contribuent à sa stratégie. L'un des axes de la stratégie est d'accroître la compétitivité en économisant sur les achats. Logique, simple, voire trivial. C'est bien le problème.

❖ On entend souvent : « La stratégie des achats, c'est d'acheter moins cher. » Quand l'acheteur contribue à la fois à l'innovation, à la qualité, à la maîtrise des risques, à la recherche des meilleurs fournisseurs, le cliché est un peu réducteur.

❖ Certains patrons aimeraient faire croire que la réduction des coûts constitue une stratégie d'entreprise. Ce n'est pas juste. La réduction est une obligation, un « must », pour rester compétitif ; un potentiel de marges, qui a permis aux groupes les mieux armés en achats de financer leur croissance externe. Jamais une stratégie. Le but de la vie n'est pas de maigrir : c'est de vivre, voire de se développer.

❖ Les achats sont à cheval entre l'externe et l'interne. Ils sont donc confrontés à la limite entre les deux : où s'arrête l'interne ? Où commence l'externe ? À l'heure où les entreprises externalisent des activités à tour de bras, la comptabilité en Inde, les centres d'appels au Maroc, les frais généraux chez des consultants anglo-saxons... on ne sait plus trop.

Le lien des achats avec la stratégie de l'entreprise est, on va le voir, beaucoup plus subtil que les poncifs traditionnels.

Vous avez dit stratégie ? On ne martèlera jamais assez l'intérêt qu'aurait l'entreprise à ce que chacun de ses collaborateurs connaisse sa stratégie et soit capable de la formuler, l'expliquer et la mettre en œuvre dans chacun de ses gestes quotidiens.

On en est loin dans la plupart des entreprises actuelles. Cela complique sensiblement la vie de l'acheteur. Qu'appelle-t-on donc « stratégie » ?

Nous connaissons tous ces affiches placardées sur les bibliothèques, dans les bureaux, sur les murs des usines, et qui titrent : « Notre Stratégie ». Avec, en dessous, cinq points :

❖ « accélérer notre croissance rentable,
❖ diminuer nos coûts,
❖ poursuivre notre développement international,
❖ devenir les leaders par l'innovation,
❖ permettre l'épanouissement des hommes et des femmes ».

S'agit-il là réellement d'une stratégie ? Qui peut prétendre ne pas viser une « stratégie de croissance rentable » ? Ou ne pas souhaiter réduire ses coûts, innover, se développer à l'échelle mondiale, et même (si, si)... valoriser son personnel ?

La stratégie est d'abord l'art de la différenciation. En quoi mon entreprise est-elle unique ? En quoi ses clients la considèrent-ils comme différente ? Que doit-elle développer pour être encore mieux reconnue dans sa spécificité ?

Définir une stratégie, c'est définir les armes qui vont permettre de se battre, et définir sur quel terrain on choisit de se battre. Quelle est notre offre commerciale ? Des produits ? Des services ? Nous les concevons ? Nous les fabriquons nous-mêmes, ou les sous-traitons ? À travers quel réseau les distribuons-nous : le nôtre, ou d'autres ? Dans quelles zones géographiques, à quels types de clients ? Devons-nous les attaquer par des coûts inférieurs ? Ou au contraire par un contenu technologique ?

Les entreprises préfèrent souvent agir par opportunisme, sans réaliser de choix formalisé et communiqué de manière claire et motivante.

2. La méthode : aligner la stratégie achat sur la stratégie de l'entreprise

2.1 Définir le modèle d'achat en fonction de la stratégie de l'entreprise

> « Nous ne laisserons jamais les achats intervenir en recherche et développement ! », s'exclame le directeur technique de l'unité 9 de VTT. « Les enjeux sont beaucoup trop importants. Nous travaillons avec les fournisseurs que nous connaissons bien. Il est hors de question qu'un acheteur vienne tuer la poule aux œufs d'or en commençant par demander "combien ça coûte" puis affirmer immanquablement "c'est trop cher". À ce stade, ce n'est pas son sujet ».

D'un côté, ce directeur technique ignore tout ce que les acheteurs pourraient lui apporter en matière juridique (engagements de confidentialité, contrats de développement...) et d'achat (la connaissance du panel, des technologies des principaux fournisseurs, de leur propre stratégie...). Certaines entreprises technologiques ont d'ailleurs exclu d'emblée les acheteurs de tout achat innovant, pour éviter de décourager les fournisseurs. Elles prennent des risques, comme nous allons le voir.

De l'autre, elle est normale. Il vous appartient de vous adapter à ce que l'entreprise souhaite. Si elle attend de l'innovation de ses fournisseurs, vous êtes là pour en trouver et la sécuriser. Même si *in fine* vous ne réalisez pas d'économies. L'acheteur doit se positionner comme le professionnel de la relation fournisseurs. Il n'a pas à s'inventer une mission divine de réduction des coûts, seul contre le monde entier et en décalage avec la stratégie de l'entreprise !

L'unité 7 de VTT achète des horloges pour intégrer dans les systèmes qu'elle fabrique. Un ingénieur d'études a eu une idée de design intéressante pour les intégrer. Il en fait part à son fournisseur lors d'une réunion. Le fournisseur et le bureau d'études travaillent ensemble, développent le concept, font des plans. Honorine Auve, l'acheteuse, est absente des discussions. Ce n'est sans doute pas grave : le projet finit par être abandonné. Quelques mois plus tard, VTT découvre que son fournisseur a déposé des brevets sur le nouveau design en utilisant les plans développés ensemble. Deux ans plus tard, le marché aura basculé vers le nouveau design. VTT devra passer par le brevet de son fournisseur et lui payer des royalties, alors qu'il a inventé le concept.

Inutile de dire que la relation entre VTT et son fournisseur va grandement souffrir de cette affaire. Les ingénieurs de VTT fulminent à raison, le fournisseur explique qu'il avait lourdement investi également et que VTT a pris la responsabilité d'abandonner le projet.

Vous êtes précisément là pour qu'une relation fournisseur grandisse et fructifie ; pas pour qu'elle souffre. Si on l'avait impliquée, H. A. aurait veillé à la propriété intellectuelle dès le début des discussions, elle aurait fait signer des engagements de confidentialité, voire un contrat de co-innovation. Et elle aurait suivi la relation au quotidien, ce qu'aucun technicien n'a les moyens de faire.

La stratégie de l'entreprise conditionne votre travail. Ainsi, par exemple :

❖ votre entreprise vit une période particulièrement difficile. Votre rôle est forcément de contribuer à ce redressement. Vous allez jouer la solidarité avec les fournisseurs, leur

Laurent Jehanin,
directeur des achats du groupe Safran

Aligner les stratégies

Vous avez plusieurs stratégies gagnantes, pour une entreprise. La stratégie perdante, c'est celle qui n'est pas « alignée » entre les ventes, la production, la technologie... et les achats. Le président du groupe était réticent à expliciter sa stratégie. La cotation du groupe sur le marché financier a rendu l'explicitation de la stratégie indispensable. Elle est essentielle aux achats.

Quels éléments clés y trouvons-nous ? L'amélioration de la rentabilité ou de la trésorerie. Les marchés sur lesquels on veut travailler. Les achats voient immédiatement où ils vont devoir se développer, sur quels segments, dans quels types de technologies, sur quels marchés, avec quels types de contrats. Par exemple, nous sommes dans un secteur de haute technologie, donc très présents en innovation et en R & D. Aligner nos stratégies, c'est organiser les achats et les centrer sur ce qui va contribuer à l'innovation. De même, le groupe a une politique de développement dans les pays émergents : le but des achats est d'aller acheter le plus rapidement possible dans les pays où l'on veut vendre, puisque l'achat local permet d'aider au développement des ventes et de baisser les coûts.

Autre exemple, celui de l'éventuel transfert de risques aux fournisseurs. Quel niveau de risque avons-nous accepté de nos clients et que peut nous permettre notre structure financière ? Ayant eu une réponse à cette question, les acheteurs peuvent optimiser le transfert de risques demandé suivant le degré de concurrence du marché fournisseurs, selon les contreparties à accorder, etc.

En général, je ne travaille pas sur les questions de fusion et d'acquisition du groupe qui sont hautement confidentielles. Toutefois, les achats peuvent suggérer des interventions directes ou indirectes dans le capital de certains fournisseurs.

Parfois nous ne pouvons rester indifférents au changement possible de contrôle d'un fournisseur critique.

Une autre fois, il s'agira de protéger notre accès à une technologie ou soutenir financièrement un fournisseur incontournable en difficulté.

expliquer la situation, et négocier durement pour ramener des économies. ;

❖ votre entreprise s'est lancée dans des recherches de productivité. Elle robotise les fabrications, industrialise les processus. La négociation directe avec les fournisseurs n'est certainement pas votre enjeu majeur. Vous devez en revanche pousser les prescripteurs (direction industrielle ou informatique) à formaliser leurs véritables besoins, les faire accoucher d'un cahier des charges fonctionnel digne de ce nom, et veiller à ce qu'il soit approuvé par les autres fonctions de l'entreprise. À défaut de quoi, l'entreprise payera une fois et demie le prix d'un équipement ou d'un applicatif dont elle découvrira plus tard qu'elle n'en a pas forcément besoin ;

❖ votre entreprise s'internationalise. Le témoignage précédent l'indique : foncez acheter dans tous les pays où vous vendez, allez visiter les fournisseurs, identifiez et qualifiez les meilleurs ;

❖ votre entreprise se veut innovante, à fort contenu technologique. Votre rôle doit alors s'orienter vers l'innovation et la veille technologique. Vous allez rechercher des innovations sur le marché, des fournisseurs à la pointe, accompagner vos collègues du marketing et de la R & D pour les visiter. Les prix ne constituent pas votre enjeu fondamental. Pire : si vous vous battez exclusivement sur les prix, vous risquez de décourager vos fournisseurs d'innover ; ou bien vous arc-bouter contre les autres fonctions pour pousser à la banalisation ce qui doit rester différenciant. Bref, vous serez à contre-emploi. Cela arrive.

La relation fournisseurs va impliquer bien d'autres paramètres : relation contractuelle, sécurisation de la propriété intellectuelle et des exclusivités, etc. Vous permettrez ainsi de sécuriser les projets d'innovation et éviterez que les équipes de développement et de marketing découvrent des brevets déposés par les fournisseurs derrière leur dos.

Votre action diffère selon les cas, votre posture également. Vous ne contribuerez vraiment à la mise en œuvre de la stratégie de l'entreprise que si elle est claire, et si vous l'avez comprise. On est beaucoup plus focalisé, efficace et performant, quand on sait dans quelle direction déployer son intelligence.

2.2 Du « qui suis-je ? » à la stratégie « faire – faire faire »

Les achats sont d'autant plus utiles qu'ils contribuent à la mise en œuvre de la stratégie – formalisée, expliquée, appropriée – de l'entreprise. Mais ils peuvent y contribuer aussi en amont, au moment de la définir.

Cultiver son cœur de métier et sous-traiter tout le reste

L'unité 10 de VTT conçoit, produit et vend des produits électroménagers. Quand on demande aux collaborateurs quel est son cœur de métier, les réponses sont surprenantes. « Nous sommes surtout des assembleurs : nous achetons tout à l'extérieur, et nous assemblons les composants de la manière la plus compétitive possible sur nos chaînes », dit l'un. Un autre affirme : « C'est la distribution. Il faut être partout, dans les grands magasins, dans les enseignes spécialisées, sur Internet, avec une logistique irréprochable. » Un autre : « C'est de conduire des projets. Le marché évolue tellement vite, le consommateur exige des nouveautés tous les 6 mois. Nous avons développé un savoir-faire considérable de conduite de projets... » Encore un autre : « L'électronique, bien sûr. Nous devons intégrer le maximum de fonctions. » Etc.

Tous ont raison. C'est bien le problème. L'unité 3 a négligé un sujet pourtant essentiel, celui du « connais-toi toi-même » de Socrate. Son « cœur de métier » est diffus. Elle se pénalise elle-même, parce qu'elle ne sait pas dans quelle direction mobiliser ses collaborateurs.

Là, vous vous interrogez :

❖ si le cœur de métier de l'entreprise est dans le service de proximité assuré au client, alors je dois me concentrer sur des centres d'appels performants, sur des ressources de dépannage à la fois proches et réactives, sans faire exploser les coûts. Externes ? Internes ?

❖ s'il s'agit de définir et de conduire une multiplicité de projets pour inonder le marché de nouveaux produits, alors j'ai intérêt à développer chez mes fournisseurs des savoir-faire de fabrication particulièrement fiables et flexibles, pour permettre à la fois les développements voulus et des montées en charge de fabrication rapides ;

❖ si l'entreprise a plutôt un métier d'ensemblier, d'architecte et d'intégration, alors la fabrication et l'assemblage peuvent être sous-traités et je dois rechercher des fournisseurs assez compétents pour acheter eux-mêmes les composants qu'ils ne fabriquent pas.

Le cœur de métier choisi par l'entreprise implique *de facto* votre métier d'acheteur et la manière dont vous allez l'exercer. Votre rôle en effet va être de trouver ce qui peut être acheté à l'extérieur, ce qui pourra l'être un jour moyennant les préparations amont nécessaires, et ce qui doit rester en interne, en fonction :

❖ du cœur de métier de votre entreprise : on ne sous-traite pas son premier savoir-faire, encore moins les « verrous » technologiques qui fondent sa performance, au risque de permettre à des fournisseurs de devenir des concurrents ;

❖ de la maturité du marché fournisseurs. Si vous trouvez des fournisseurs capables de faire telle pièce ou d'assurer tel service, à des coûts moindres et avec une qualité et une fiabilité irréprochables, votre entreprise aurait tort de s'entêter à faire mieux. Au contraire : en sous-traitant certaines de ses fabrications, elle aura peut-être un peu plus de temps pour accroître son niveau de valeur ajoutée.

La stratégie *make or buy* (ou « faire – faire faire », en français) constitue souvent la grande orpheline des entreprises actuelles.

Il y a là une surprenante contradiction. Car, en même temps, jamais les entreprises n'ont autant externalisé qu'aujourd'hui. Deux mouvements se superposent :

❖ la spécialisation des savoir-faire, la mondialisation de l'économie et la montée en compétence des pays émergents permettent théoriquement de sous-traiter des pans d'activité entiers de l'entreprise à des conditions économiques attrayantes, compte tenu des écarts de salaires constatés (attrait sans doute discutable à long terme) ;

❖ la recherche de valeur dans le service, qui permet l'accès au client final, donc d'imposer ses marges et ses cahiers des charges aux fabricants.

**Figure 17 – Le rôle des achats dans l'élaboration
de la stratégie faire – faire faire**

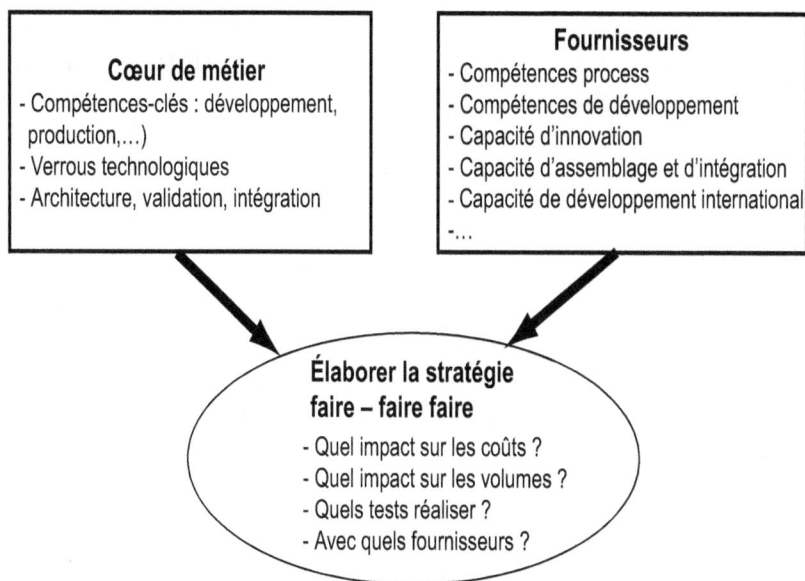

Cœur de métier	Fournisseurs
- Compétences-clés : développement, production,...) - Verrous technologiques - Architecture, validation, intégration	- Compétences process - Compétences de développement - Capacité d'innovation - Capacité d'assemblage et d'intégration - Capacité de développement international -...

**Élaborer la stratégie
faire – faire faire**

- Quel impact sur les coûts ?
- Quel impact sur les volumes ?
- Quels tests réaliser ?
- Avec quels fournisseurs ?

Or que sont ces mouvements, sinon des accroissements plus ou moins importants du périmètre des achats ? Vous devrez gérer la relation avec les nouveaux fournisseurs. Et l'on voudrait que vous ne participiez pas à la construction de ce que vous allez devoir assumer ?

Quelques exemples :

❖ les plus grandes entreprises ont externalisé leurs bureaux. La course au ROE (*return on equity*) incite à faire investir les fournisseurs et à payer un service plutôt qu'un bien. Elles louent désormais leurs locaux, elles commencent à externaliser aussi leurs sites productifs, jusqu'à louer « une usine en état de marche », dûment approvisionnée en « utilités » (eau, gaz, électricité, vapeur...). D'autres louent les hôtels et ne se consacrent plus qu'à leur exploitation, etc. ;

❖ les services connexes sont sous-traités en « off shore » – centres d'appels au Maroc ou en Tunisie pour assurer le marketing direct ou les services consommateurs, l'Inde pour la comptabilité, la paye du personnel, la maintenance du système d'information voire, dans certaines banques d'investissement, l'analyse financière. Certains grands groupes ne craignent pas de sous-traiter jusqu'aux plans détaillés de leurs produits à venir ;

❖ la fabrication est sous-traitée depuis longtemps. Chacun se spécialise sur des processus clés et sous-traite les autres. Les ensembliers évoluent vers le service et sous-traitent à des « moduliers » (qui conçoivent et livrent des modules), qui sous-traitent à des composantiers, etc. L'émergence des pays à bas coûts a donné une nouvelle impulsion à l'externalisation – délocalisée cette fois – des fabrications. Certaines entreprises, dans l'habillement ou l'électronique grand public, n'ont plus d'usine en propre. Elles conçoivent, passent commande et vendent ;

❖ la Défense elle-même, jadis si soucieuse de ses prérogatives, externalise à tour de bras. En France, elle a confié la gestion de ses stocks de pièces détachées à des entreprises extérieures. En Angleterre, le *private initiative financing* engage les prestataires (privés) à assurer un service en acquérant et maintenant tous les équipements nécessaires à l'armée.

Dans chaque cas, il y a identification des besoins précis, recherche et évaluation de partenaires potentiels parfois lointains, mise en place des plans de maîtrise des risques correspondants, appels d'offres plus ou moins automatisés, évaluation des conditions, définition des relations contractuelles dans des systèmes de droit nouveaux, mise en place des circuits logistiques nécessaires, etc. Tout cela passe par l'implication et l'expertise des achats, dans un niveau de complexité accru par la nouveauté et l'éloignement. Bon courage si vous devez « subir » sans en être acteur !

3. Vos leviers : la politique faire – faire faire

3.1 Participez à l'élaboration de la stratégie

Hermann Aykorbay, le directeur des achats de l'unité 1 de VTT, va trouver le président du groupe en lui présentant les enjeux de la stratégie faire / faire faire et son impact potentiel sur le devenir de l'activité tout entière. Le président l'écoute avec beaucoup d'intérêt, « challenge » quelques-unes des options que H. A. lui présente. Puis, quand il a fini, lui dit : « C'est un très beau problème, en effet. Bonne chance, Hermann ! » Et il le raccompagne chaleureusement à la porte de son bureau.

Le syndrome est quasi général : la stratégie « faire – faire faire », aujourd'hui, dans les entreprises, est orpheline.

Votre rôle d'acheteur n'est pas simple dans ce domaine, parce que vous l'assumez généralement dans l'ombre et de manière solitaire. Vous n'avez pas à décider de la stratégie de votre entreprise, pas plus de la vision globale que de la définition du cœur de métier. En revanche, quand une décision est prise au plus haut niveau sur l'externalisation d'une activité, vous devez l'assumer.

L'idée est donc, au moins, d'anticiper. Vous avez toujours intérêt à prendre les devants : repérer sans cesse des fournisseurs « capables », au besoin anticiper leur montée en compétences si une externalisation se profile, alimenter les réflexions des décideurs.

Vous pouvez vous appuyer pour cela sur deux piliers :

❖ le directeur financier et le contrôleur de gestion qui peuvent, s'ils sont intéressés, chiffrer des scénarios d'évolution ;

❖ le comité de direction, que vous pouvez alimenter en permanence en informations, en options, en scénarios possibles ; et animer le moment venu, avec l'appui du directeur général, jusqu'à lui faire prendre des décisions.

Certaines entreprises se sont dotées d'un « comité stratégique » biannuel, ou intègrent la réflexion stratégique dans leur exercice budgétaire. Inutile de dire que l'acheteur doit en faire partie. Si vous dirigez « l'entreprise étendue » (moins l'entreprise elle-même), vous apparaissez comme l'un des contributeurs majeurs de la stratégie de l'entreprise. Et vous vous positionnez forcément au plus haut niveau. Ambition légitime pour un acheteur, non ?

3.2 Anticipez les évolutions du métier achat

L'économie mondiale évolue rapidement. Hier on faisait pression sur les fournisseurs, aujourd'hui on délocalise à tous crins, demain peut-être privilégiera-t-on le service, la réactivité, l'innovation durable aux volumes consommés ? Sachez anticiper. Le bateau « entreprise » est lourd, celui de l'« entreprise étendue » l'est encore davantage !

L'économie s'est engagée vers des fournisseurs à bas prix dans les pays en développement. Quand, dans ce mouvement, on tue les fournisseurs concepteurs et se prive de leur capacité de développement, tout le monde y perd. Le « marché » pousse au crime, en voulant du « pas cher », et les clients y perdent aussi – en qualité, en valeur créée. D'où viendront les grandes innovations dont nous avons besoin – le déplacement sans pollution ni émission de gaz à effet de serre, l'éradication de la faim et de la soif... – si, au nom des « prix bas », on n'a plus les moyens d'investir à long terme ?

Les secteurs à forte croissance privilégient l'innovation aux coûts. Les secteurs « stagnants » font l'inverse. Pourtant, certaines entreprises montrent qu'il est possible de sortir « par le haut » de ce cercle vicieux des baisses de prix généralisées, et recommencer à cultiver un modèle où chacun des maillons de la chaîne est mis en tension pour créer de la valeur.

Du coup, l'équilibre entre les différentes composantes du métier d'acheteur – la négociation et l'achat projet pour faire court – devra évoluer pour renforcer la contribution des fournisseurs à l'innovation, à la mise sur le marché rapide, au service personnalisé.

Clé 8

Prenez une direction achats !

Les 3 heures ont passé. Nous allons achever notre parcours. Alors, convaincu ? Ou plutôt... passionné ?

Permettez-nous encore un point : la contribution aux achats non pas aux économies, aux baisses de prix, aux productivités ou aux projets, mais... à votre carrière.

1. *L'enjeu : progresser dans la carrière*

1.1 Un handicap *a priori*

Comme toute fonction nouvelle, l'entreprise attend les résultats des achats, mais elle n'attend pas les achats, et encore moins les acheteurs.

C'est pénible, des achats. Ça se mêle des affaires des autres, qui sont déjà bien assez compliquées comme cela. Ça remet en cause les spécifications des systèmes d'information ou des composants, ça force à formaliser. Ça demande des tests compliqués, alors que le quotidien monopolise largement les machines. Ça veut exclure des fournisseurs avec lesquels on travaille depuis des années, et introduire des nouveaux venus plus ou moins inconnus. Ça veut externaliser des fabrications, ça veut même proposer d'aller acheter en Chine ! Évidemment tout le monde renâcle. On n'apprécie guère ceux qui veulent toujours tout chambouler.

C'est sans doute l'un des handicaps majeurs pour l'attractivité de la fonction achats. Pas assez intégrée dans l'entreprise, trop secrète, dérangeante, où l'on gagne peu de reconnaissance.

**Yves Rousteau,
directeur des achats de CGG**

Quelle reconnaissance pour l'acheteur ?

Après des années au commercial, mon arrivée aux achats a constitué un véritable challenge pour moi. Au commercial, l'acquisition d'affaires constitue l'élément clé de l'entreprise. Aux achats il m'a fallu accepter le syndrome du « chien et de la truffe » : au chien on demande d'aller chercher des truffes, des économies, des gains. Et quand il en a trouvé une on la prend, on la met dans son panier, et on demande au chien de continuer à chercher. En clair, le mérite des économies revient au chef de projet, à l'émetteur du besoin, jamais à l'acheteur.

L'acheteur travaille dans l'ombre. Il n'est pas aimé parce qu'il vient remettre en cause, et en plus il ne doit pas attendre de reconnaissance. C'est même pire : il dépense une énergie folle pour savoir comment il va convaincre en interne, faire adhérer et entraîner sur un sujet donné. Quand sa proposition devient l'affaire du prescripteur, il a gagné. Et en même temps ce n'est plus ni son idée, ni son travail. L'acheteur est comme tout bon catalyseur : la réaction chimique n'aurait pas lieu sans lui, mais il ne fera jamais partie du produit final. Mon travail de directeur des achats, c'est de garder la trace, de valoriser et de faire valoriser, malgré tout, les acheteurs. Sinon leur rôle est trop décourageant et ingrat.

Il en va de même à mon niveau. Contrairement à d'autres, je ne participe au comité exécutif que si je le réclame. Si je ne dis pas : « J'ai une décision à faire prendre », il ne se passe rien. Le président du groupe l'a bien senti, et il joue un rôle majeur : il sait reconnaître les efforts des achats en public, et il ne s'en prive pas.

1.2 Néanmoins, un accélérateur de carrière formidable

En même temps, les enjeux sont tels qu'un bon acheteur ne passe jamais inaperçu. Les achats constituent souvent de véritables accélérateurs de carrière.

Habib Ascule est responsable commercial chez VTT, chargé de grands comptes dans une entreprise de sous-traitance industrielle. Il voudrait entrer au comité de direction, mais il se sent bloqué dans sa progression.

Il choisit de conforter sa carrière par un MBA dans une grande école de gestion. En sortant, il se demande naturellement quel « saut » il va pouvoir accomplir dans l'entreprise… ou ailleurs. On lui propose un poste d'acheteur senior. Il sait négocier, il franchit le pas.

Trois ans plus tard, il est nommé directeur des achats d'un grand groupe de services coté en Bourse. Le groupe n'a jamais eu de directeur achats de ce niveau. Les économies générées par les achats cette année-là équivaudront quasiment aux bénéfices du groupe tout entier, les

premiers depuis deux ans. Le cours de Bourse est multi-
plié par trois dans les deux années qui suivent.

Les filières traditionnelles de l'entreprise – finances, commerce,
marketing, production... – sont souvent engorgées, et la progression hiérarchique peut tarder.

Les achats sont beaucoup moins saturés. Ils constituent une
voie intéressante pour accéder à une direction. Après quelques
années d'achat opérationnel, vous pouvez déjà briguer une
direction achats. D'unité tout d'abord, puis sur des périmètres
croissants. Jusqu'à prendre, en quelques années, la direction
des achats d'un groupe important.

2. La méthode : capitaliser sur le parcours managérial proposé par les achats

2.1 Une école de management et de stratégie privilégiée

Les achats constituent un entraînement privilégié au management. Non pas forcément au management d'équipe, mais à la
mise en mouvement d'énergies qui ne dépendent pas de soi-
même.

Quand vous entraînez l'entreprise sur des marchés fournisseurs, à repérer les tendances, à intégrer les opportunités, vous
vous construisez une expertise stratégique.

Quand vous encouragez des fournisseurs à rechercher sans
cesse des productivités, à proposer des idées nouvelles, à intégrer leur expertise dans des projets qui ne les attendent surtout
pas ; quand vous incitez vos collègues de la direction des systèmes d'information, de la production ou du marketing, à vous
solliciter plus tôt, à modifier leur cahier des charges initial, à
intégrer des fournisseurs nouveaux, parfois lointains ; quand

vous poussez à intégrer des conceptions plus astucieuses, moins coûteuses, alors que les concepteurs géniaux rêvaient de nouvelles trouvailles... Vous faites du management, du vrai.

Le jour où, plus tard, vous aurez une équipe à diriger, un département, une direction, vous saurez vous définir une cible, et entraîner vos équipes à l'atteindre.

**Guillaume Bitran,
directeur du business environnement d'Alstom Power Service**

Fonder les actions sur les enjeux « business »

Je suis moi-même entré chez Alstom pour continuer à être entrepreneur, c'est-à-dire pour reprendre et développer un business. Les achats constituent un métier complet, où vous touchez à toutes les fonctions avec un impact réel. Cela étant, il y a un danger à se cantonner dans les achats. Les acheteurs ont tendance à trop se polariser sur le renforcement de la fonction, sur la revalorisation de son positionnement. Je pense qu'il faut prendre le sujet différemment. Peu importe la fonction achats : on veut d'abord et surtout une entreprise qui fonctionne, où l'on adresse correctement les enjeux de business, de développement, de marché, de ressources humaines.

Le premier objectif d'un acheteur (*a fortiori* d'un directeur achats), c'est de repérer les véritables enjeux de l'entreprise et d'aligner la stratégie achat sur le business. D'ailleurs, on est parfois obligé d'arrêter de parler « achats », quand ils sont trop connotés pour être porteurs de changement.

Vous pourrez, par exemple, identifier des contraintes à la croissance et au développement, liées aux limites de la supply chain. Dans ce cas, vous constituerez en effet des groupes de progrès transverses, auxquels les achats contribueront. Mais ces groupes seront directement animés au niveau des directeurs généraux de l'entreprise, puisqu'ils adressent des enjeux à leur niveau. Tant que vous laisserez dire : « C'est un problème de fournisseurs, donc les achats doivent s'en occuper », vous ne donnerez aucune chance à un véritable progrès. Nous avons, quant à nous, parlé de « supply chain », qui couvre toute l'entreprise depuis les besoins du client à la stratégie. Cela change tout, on n'est pas en train de se dire : « Il faut réaliser 5 % de gains sur les achats ! »

2.2 La pratique du changement

La nouvelle unité 14 de VTT, constituée de plusieurs sites à travers le monde, veut mettre en place une direction des achats. Elle recrute Haboul Alakata, un professionnel du secteur. Il commence par s'attaquer aux achats d'énergie et à ceux de téléphone. Les usines grognent en pensant aux risques d'approvisionnement, les agents du siège rouspètent de devoir changer d'opérateur. H. A. enchaîne les séances en comité de direction, il impose ses changements. Mais six mois plus tard, beaucoup trop isolé, il est « remercié ».

Le savoir-faire managérial de l'acheteur est important, celui du directeur achats est vital.

Les experts lâchent le mot : pour installer une fonction achats, il faut du *change management*. Les achats constituent un formidable terrain pour le changement.

**Françoise Odolant,
directeur des achats et des moyens généraux du groupe
des Caisses d'Épargne**

La fonction achats est une fonction de projet et de changement. Pourquoi générons-nous des économies aujourd'hui mieux qu'hier ? Certainement pas parce qu'on achetait mal ; les circonstances changent, et les priorités de l'entreprise aussi. Nous achetons mieux, parce que nous travaillons différemment. Différent, le cahier des charges auquel nous arrivons avec la fonction prescriptrice ; différentes, la manière de travailler ensemble, la tactique de négociation ; différents peut-être, les fournisseurs auxquels nous allons nous adresser ; différente aussi, la manière que nous aurons de stimuler les fournisseurs pour les inciter à proposer des productivités. La performance achats est liée à cette notion de changement, de « faire différemment » ; donc à la notion de progrès.

Il n'empêche : vous avez beau ne jamais critiquer le passé ou les collègues, être tourné sans cesse vers l'avenir et la performance, rien n'y fait, les économies que vous réalisez sont vécues comme le reflet d'une insuffisance des acteurs précédents. Cela n'a rien d'étonnant : nous savons aussi, aux achats, combien un acheteur peut se sentir critiqué quand on lui dit qu'« on va faire des enchères inversées » sur une famille dont il a la charge !

3. *Vos leviers : faites fonctionner les 7 clés précédentes en développant les ressources*

3.1 Facilitez le rôle transverse des acheteurs

**Véronique Valentinni,
acheteuse**

Le fonctionnement entre les achats et les directions prescriptrices est rarement formalisé et mis en place dans les entreprises. Donc, il faut se battre sans cesse pour arriver à faire son métier et apporter sa valeur ajoutée. L'entreprise a du mal à comprendre vraiment le rôle de l'acheteur, ce que les achats peuvent apporter s'ils travaillent davantage en équipe et plus en amont.

C'est paradoxal : d'un côté l'entreprise attend des économies, de l'autre elle ne met pas en place les fonctionnements ou les moyens nécessaires pour les obtenir. Avec un peu plus de fluidité dans les fonctionnements, l'acheteur pourrait apporter tellement plus.

L'une des missions principales du directeur des achats est sans doute de « vendre » les achats, d'obtenir des moyens (par exemple outils de reporting, de suivi de la performance, formations, etc.) et de faire en sorte que les achats travaillent au bon moment avec les autres services.

En interne, le directeur achats a pour mission de faire fonctionner au mieux tout ce que nous avons vu dans les clés précédentes, sans doute dans l'ordre suivant :

❖ la mesure des gains, primordiale pour engager une dynamique de progrès (clé 6) ;

❖ l'animation systématique de la réduction des coûts (clés 2 et 3) ;

❖ le management du panel et l'élaboration des stratégies achat les plus appropriées, avec le développement des fournisseurs cibles (clé 5) ;

❖ l'intégration des fournisseurs stratégiques dans les projets en phase amont, pour valoriser leur expertise (clé 4) ;

❖ la prise en charge des enjeux de « faire – faire faire » (clé 7) ;

Mais il a surtout, au-delà du management de son équipe, à l'« ouvrir » aux autres fonctions de l'entreprise. Les directeurs achats qui réussissent sont eux aussi très « connectés » (clé 1), et facilitent d'autant la connexion des acheteurs.

3.2 Engagez le projet d'évolution de la fonction

Laurent Jehanin,
directeur des achats du groupe Safran

Engager un projet d'évolution majeur

Notre métier, comme beaucoup d'autres, est cyclique. La première action d'amélioration des achats (milieu des années 1990) a été engagée pour la principale société en prévision d'environnements turbulents pour amortir les effets du « hors de cycle ».

La dernière action d'envergure (2001-2002) menée pour l'ensemble du groupe Snecma a été plus préventive pour améliorer notre efficacité économique et généraliser à l'ensemble du groupe les expériences précédentes.

Les consignes de la direction générale étaient « de viser gros » et les moyens nécessaires nous ont été alloués. La formule était simple : « Les achats ne sont pas stratégiques, mais les économies que vous rapportez, elles, le sont. »

La première chose à faire, quand on arrive avec une telle mission, est bien sûr de réaliser un diagnostic de l'état des lieux, mais aussi des acteurs en place : où en sont les achats, quel est le degré de réceptivité, qu'est-ce qui est acceptable et qu'est-ce qui ne le sera pas, avec qui on va pouvoir avancer, qui sont les alliés, qui soutient, qui commande, qui va craindre de perdre, à quelle vitesse on va pouvoir aller... Ensuite, on a trois options : faire prendre en charge l'action par une équipe projet, par la structure achats elle-même, ou par une équipe rattachée au directeur des achats. Nous avons engagé notre action sous forme d'un projet, avec une équipe projet dédiée dans chacune de nos filiales avec un apport d'expertise externe, et un projet faîtier pour mutualiser et assurer les synergies.

Il nous a fallu un an pour définir la direction achats pérenne qui prendrait le relais. La tradition du groupe n'était pas la centralisation. Les présidents de filiales ont l'entière responsabilité de leur compte de résultats. Nous avons ainsi opté pour une direction des achats groupe sans acheteur, dotée d'un rôle d'animation des achats et de la gestion des moyens communs : RH achats, système d'information achats, gestion des risques achats (ultérieurement la fusion Safran modifiera cet équilibre avec la création d'une direction achats hors production, partiellement centralisée avec 30 acheteurs). L'un des points clés a été la mise en place d'acheteurs leaders situés dans les équipes achats des sociétés du groupe, mais forcément transverses à plusieurs filiales (cherchant l'équilibre avec la globalisation et l'autonomie des filiales). Nous avons décidé de mettre en place un dispositif de coaching, externe puis interne, pour chacun des acheteurs leaders depuis la direction des achats du groupe, compte tenu de la difficulté de ce changement.

Le projet a généré 6 200 actions individuelles documentées sur l'ensemble du groupe. Avec toujours les phases de mise en œuvre que l'on connaît : l'incrédulité, le rejet, puis les *success stories* pour créer la dynamique et l'émulation. En 18 mois, le projet a atteint l'objectif verrouillé de près de 500 millions d'euros d'économies montant en puissance sur 3 années, compte tenu de la longueur de certains cycles. Dès la première année, l'impact était dans les ordres de grandeur du résultat net. Naturellement nos clients ont bénéficié des conséquences dans leur prix de vente. L'objectif est néanmoins que la différence permette l'amélioration de nos résultats financiers.

3.3 Professionnaliser les ressources, orienter sur la vision du métier

Laurent Jehanin,
directeur des achats du groupe Safran

Faire évoluer les compétences

Avant le projet, le levier achats avait été peu utilisé dans le groupe. Notre population d'acheteurs était plus âgée que la moyenne de nos effectifs. Le projet a agi comme un révélateur dans chacune de nos filiales. Quand vous fixez une cible de *global sourcing* et que beaucoup d'acheteurs ont des soucis avec leur anglais, vous comprenez vite. Quand vous demandez des chiffres clés et qu'il faut plonger, calculette à la main, dans les dossiers de la comptabilité fournisseurs pour les obtenir, vous faites le plus vite possible les réformes qui s'imposent.

Nous avons construit et déployé un référentiel de compétences achats orienté vers l'évaluation du potentiel et comprenant des dimensions techniques comme des dimensions managériales.

Ce référentiel est utilisé de nombreuses façons :
- pour évaluer le potentiel des acheteurs ;
- pour évaluer les exigences des postes d'acheteurs ;
- pour identifier les écarts de compétences à combler pour le choix des formations ou des mutations ;
- pour vérifier le degré de comblement de l'écart de compétences pour mesurer l'efficacité des formations.

Le niveau de qualification a progressé de façon importante. Nous avons recruté à l'extérieur et à des niveaux très supérieurs par rapport au passé.

Par ailleurs, l'autre source de recrutement est interne avec des personnes, notamment ingénieurs, venant d'autres secteurs de l'entreprise comme les bureaux d'études, la production, la qualité...

Pour ces personnes nous avons organisé un cycle long de formation (6 semaines à raison d'une semaine par mois en résidentiel) avec un institut extérieur.

Comme par hasard, les filiales les plus performantes en achats sont aussi celles qui envoient le plus d'ingénieurs à ces formations.

En outre, nous avons une quinzaine de formations modulaires courtes pour le groupe.

Notre population d'acheteurs s'est également rajeunie. Sur le périmètre de l'ancien groupe Snecma (400 acheteurs) le rajeunissement a été de 2,5 ans en 3 années. Depuis la fusion Safran (700 acheteurs) le rajeunissement a été de 1,5 an en une année. C'est tout à fait considérable. Du coup, les hiérarchies intermédiaires peuvent avoir du mal avec les jeunes qui arrivent, certes avec une expérience limitée, mais avec un potentiel parfois plus important que leur responsable, voire le responsable du responsable !

Nous accompagnons le mieux possible ces hiérarchies et nous leur imposons qu'ils soient les parrains de formation des jeunes qui suivront le cursus.

3.4 Et après ? Poursuivez votre carrière aux achats… ou au-delà !

Jean-Philippe Collin,
directeur des achats du groupe PSA

Les achats, filière pour le management

Les achats constituent l'un des deux métiers de l'entreprise les plus ouverts sur l'extérieur – avec la vente. L'acheteur contribue à la marche de l'entreprise, il est vendeur en interne comme en externe, il manage l'entreprise étendue. Il a un terrain d'expérience formidable, il se connecte à la production, au développement, à l'innovation, à la qualité, à la chaîne de valeur, à la « supply chain »… Les achats constituent un bon levier de changement, ils permettent de faire bouger l'entreprise.

Mais il faut aussi éviter d'en faire une obsession et d'y limiter sa carrière. Les meilleurs acheteurs doivent venir d'ailleurs et partir ailleurs. Sans doute les filières doivent-elles pour cela s'ouvrir encore davantage et accélérer les passerelles.

Je passe beaucoup de mon temps à recruter les meilleurs – acheteurs ou pas – et à les faire évoluer ensuite en dehors des achats. Ce que j'attends d'un nouvel acheteur, comme de tout professionnel prenant une nouvelle responsabilité, c'est qu'il comprenne comment il se situe dans l'entreprise, en quoi ses performances y contribuent – au sens le plus large.

J'ai toujours eu la passion de l'excellence professionnelle au service de l'entreprise. J'essaie de la communiquer. Il existe toujours un acheteur meilleur que vous dans telle ou telle pratique. À vous de la débusquer et de l'appliquer, au service de l'entreprise et à sa marche. Je tiendrais le même discours si j'étais au développement ou à la recherche. Je pousserais mes équipes à amener des produits vendables le plus vite possible, je les brancherais immédiatement vers l'usine et les clients.

Put the heat into the skin of the people, « Mettre la chaleur dans la peau des gens », disait Jack Welsh, l'ancien président de General Electric. Ceux qui sortent de réunion doivent sentir leur peau brûler, avoir envie de sortir un produit, un résultat, une performance, encore plus vite et encore mieux.

Les acheteurs sont bien placés pour avoir cette double ouverture – sur l'excellence professionnelle, dans la mesure où ils sont ouverts à l'extérieur – et sur la contribution à l'entreprise, vu le poids qu'ils représentent.

Les futurs dirigeants d'une entreprise devraient passer par les achats. Et les meilleurs des achats devraient aller ensuite rapidement conquérir de nouveaux domaines stratégiques et opérationnels de l'entreprise. Ce qui, finalement, est assez souvent le cas. Même si j'en suis moi-même un contre-exemple !

La plupart des directeurs achats actuels prennent des directions achats d'ampleur supérieure. Comme le dit un directeur achats renommé, « vous êtes reconnu par ce que vous pesez ».

Un directeur achats qui « pèse » 10 milliards d'euros sait qu'il va impacter l'organisation industrielle de son secteur d'activités de manière considérable. Beaucoup plus que celui qui ne pèse « que » 500 millions. Les progressions des directeurs achats se font ainsi d'un périmètre d'achats vers le suivant, de manière croissante (quand tout se passe bien).

La question suivante est celle de l'accès à des directions générales. La passerelle existe, au moins dans certains groupes, où des directeurs achats talentueux ont pris des directions générales de divisions. Mais il faut reconnaître que ce mouvement n'est pas encore généralisé.

Jean-Philippe Collin,
directeur des achats de PSA

On a sans doute encore un problème général de management des parcours professionnels, une sorte de pensée unique. Le directeur général vient habituellement d'une fonction donnée – différente d'ailleurs selon les pays. Aux États-Unis, la vente et le marketing ont acquis une vraie suprématie, avec le développement pour la sphère high-tech. En France, on raisonne selon l'origine du diplôme. En Allemagne, le développement et la production constituent les filières reines – moyennant une expérience de la vente. En Angleterre, c'est la finance.

Un dirigeant aura dû passer par les achats. Mais il faut éviter les discours de discrimination. Il n'y a pas de pensée unique ou de filière unique pour former les futurs directeurs généraux.

Nous l'avons dit dès le début de ce livre : la direction des achats est d'abord, et surtout, une direction générale des ressources extérieures. Rendre plus systématique et ouverte l'évolution d'un directeur achats vers des responsabilités de direction générale constitue sans doute la prochaine étape de notre profession. Les achats n'ont pas fini d'évoluer.

Alors bonne chance à vous qui entreprenez l'aventure. Vous verrez : elle est passionnante !

Et faites un geste : quand vous prendrez une direction des achats... laissez ce livre à celui ou celle qui vous succède !

Les « gros mots » des achats

ABC : méthode de classement et de priorisation qui fait référence à la loi de Pareto. Elle permet d'établir rapidement un état sur les chiffres d'affaires par article et par fournisseur en classant par ordre décroissant le chiffre d'affaires réalisé. La partie A devrait regrouper un faible nombre d'articles ou de fournisseurs (20 % réalisant 80 % du chiffre d'affaires). La partie C est coûteuse sur le plan administratif car elle regroupe beaucoup d'articles ou de fournisseurs pour un faible chiffre d'affaires.

Bidding on line (BOL), ou « enchères inversées » en ligne : « acheter », c'est aussi « vendre un marché ». Que vous pouvez donc mettre aux enchères. Pour certaines familles, le développement d'Internet permet de conduire l'acte d'achat en ligne : RFI – RFQ – bidding. Les enchères peuvent ainsi être réalisées dans un laps de temps court, avec des fournisseurs préalablement sélectionnés sur des critères (hors prix) que vous avez fixés. Les fournisseurs retenus pour participer se connectent à une heure donnée, et voient sur leur écran les propositions de prix de leurs concurrents (anonymes) s'afficher en temps réel. Ils peuvent ainsi choisir de suivre les baisses de prix en toute connaissance de cause. Ce type d'achat requiert une certaine technicité et le respect de règles strictes de mise en concurrence. Vous pouvez vous appuyer sur des entreprises spécialisées, qui assurent la logistique des opérations et le strict respect de leur déontologie. (cf. clé 5, 3.2).

Global sourcing : il s'agit de proposer au marché mondial des fournisseurs, le volume total de ce que l'on souhaite acheter. En clair, d'ouvrir vos panels de fournisseurs actuels à des fournisseurs de toutes les régions du monde, en particulier ceux des pays à faible coût de main-d'œuvre (cf. clé 2, 2.5).

Indice achat : mesure de la performance des acheteurs. Le livre présente l'indice de performance achat (cf. clé 6, 2.1), qui mesure la performance de l'acheteur famille, l'IPAI (clé 6, 2.1) pour les achats non récurrents et d'investissement, et l'IPAP (indice de performance de l'achat projet, clé 4, 2.4).

LCC, ou *Low cost countries* : les pays où les salaires sont les plus bas sont plus compétitifs que les nôtres. Pour éviter la mention aux *low cost countries*, qui évoque les délocalisations, on dit aussi *labor competitive countries*. Cela ne change rien, sinon que les mouvements ne sont ni inéluctables, ni définitifs (cf. clé 2, 2.5).

Marketing achats : la recherche de fournisseurs, pour attribuer l'activité aux meilleurs (cf. clé 5, 2.1).

Panel : l'ensemble des fournisseurs avec lesquels vous travaillez. On parle de « panel cible » – les fournisseurs sur lesquels vous aimeriez concentrer vos achats. Le travail du « panel » constitue l'un des premiers leviers de l'acheteur (cf. clé 5).

Prescripteurs : ceux qui ont un besoin, dont la satisfaction passe par un acte d'achat. La direction du système d'information a besoin d'un nouvel applicatif ; l'usine, d'un nouvel équipement ; la R & D, de prototypes, de matières, de composants ; le marketing, d'un espace publicitaire ; la direction générale, d'un conseil. Elles prescrivent le besoin. L'acheteur est là pour satisfaire ce besoin (voire le « challenger » de manière constructive, cf. clés 3 et 4). L'entreprise a intérêt, pour optimiser ses coûts et maîtriser ses risques, à ce qu'acheteur et prescripteur travaillent en binôme.

Request for information (RFI) : la demande d'informations à des fournisseurs potentiels en vue de les sélectionner pour une prochaine consultation.

Request for quotation (RFQ) : la demande d'une offre de prix à un fournisseur, sur la base d'un cahier des charges donné (cf. clé 5, 3.2).

Resourcing : lancer une opération de recherche de nouveaux fournisseurs, généralement pour resserrer les panels et diminuer les prix (clé 2, 2.5).

Stratégie achats : la manière dont je vais acheter telle ou telle famille d'achat. Sur quels fournisseurs vais-je m'appuyer ? En faisant jouer comment la concurrence ? (clé 5).

Total cost of ownership : coût total de possession. Au-delà du coût d'acquisition, le fait d'acheter quelque chose induit des coûts connexes. Si vous achetez une voiture, un système ou un équipement, vous devez payer pour le maintenir ; si vous achetez des matières ou des composants, vous devez payer pour les transformer ou les assembler. Ce que vous voulez minimiser n'est pas le seul prix d'achat, mais le coût d'usage ou d'utilisation, le « TCO ». Les Américains ont défini ainsi une multitude de sigles, du TCM (*Total cost of maintenance*) au TAC (*Total avoidance cost*, ou les coûts que les achats permettent d'éviter). Les concepts signifient tous quelque chose, mais… ils sont difficilement mesurables ! (cf. clé 3, 2.6, et clé 6, 2.4).

Pour vous

« connecter »

Quelques livres pour démarrer...

Marketing Achats :
- ❖ *Marketing achats*, Roger PERROTIN (Éditions d'Organisation).

Juridique :
- ❖ *Les contrats commerciaux*, Xavier LECLERCQ (Chiron).

Stratégie d'achat :
- ❖ *Stratégies d'achats*, Roger PERROTIN, Jean-Michel LOUBERE (Éditions d'Organisation).

Achats de services :
- ❖ *Négocier des prestations intellectuelles*, Xavier LECLERC (Dunod).

Négociation :
- ❖ *La négociation commerciale en pratique*, Patrick DAVID (Éditions d'Organisation).
- ❖ *Négocier pour la première fois*, Patrick AUDEBERT (Éditions d'Organisation).

❖ *Réussissez toutes vos négociations*, Lionel BELLENGER (ESF Éditeur).

Autres :

❖ *Guide pratique de la fonction achats et approvisionnements en PME*, Valérie PERSON (Maxima).

❖ *Purchasing and supply chain management*, Arjan van WEELE (Thomson).

... et des associations professionnelles

❖ La Compagnie des dirigeants et acheteurs de France (CDAF).

❖ L'Association des directeurs et responsables achats (ADRA).

Table des figures

www.ingramcontent.com/pod-product-compliance
Lightning Source LLC
Chambersburg PA
CBHW050120210326
41519CB00015BA/4039